对话稻盛和夫 ⑤

领导者的资质

［日］稻盛和夫 编

喻海翔 译

人民东方出版传媒
东方出版社

"聪明才辩"的人作为官吏，确实能够发挥作用，但他们是否真的具备了杰出领导者所应拥有的人格，对此我们表示怀疑。

稻盛和夫

1932 年生于日本鹿儿岛。毕业于鹿儿岛大学工学部。1959
年创办京都陶瓷株式会社（现在的京瓷公司）。1984 年创办第二
电电株式会社（现名 KDDI，目前在日本为仅次于 NTT 的第二大
通信公司），这两家公司都进入了世界 500 强。2010 年出任日
本航空会长，2013 年开始成为名誉会长。日本四大"经营之圣"
之一。事业成功之余，稻盛和夫在 1984 年创立"稻盛财团"，
同年创设"京都赏"，以表彰对人类社会发展具有卓越贡献的人士。

戴维·阿布希尔

总统学研究中心（CSP）负责人、美国国际战略研究中心
（CSIS）副会长。

1926 年生于美国田纳西州。在乔治城大学获得历史学博士
学位。1980 年被里根总统任命为统筹美国国务院、国防部、国
家情报局、中央情报局等机构的国家安全小组的负责人。1983
年开始担任美国驻北约大使，并因功勋卓越而被美国国防部授勋。
1987 年就任作为美国内阁成员之一的总统特别顾问。还曾担任
知名民间企业的高管和顾问等职。

中坊公平

1929 年生于日本京都。毕业于京都大学法学部。1957 年开
始从事律师职业。1970 年成为日本大阪律师协会二战后最年轻
的副会长。1985 年出任丰田商事破产财产监管人一职。1990 年
至 1992 年期间担任日本律师联合会会长。1996 年就任住宅金
融债权管理机构社长，为回收不良债权做出了重要贡献，1999
年这家机构与整理回收银行合并后成立了新的整理回收机构，继
续担任社长一职。

堺屋太一

作家。原日本内阁特别顾问。

1935 年生于日本大阪。东京大学经济学部经济学科毕业后，进入日本通产省工作。因在日本通商白皮书中大力提倡"水平分工论"而引起世界广泛关注。通产省任职期间，他执笔的小说《大意！》成为畅销书。1978 年从通产省辞职后，正式开始写作和评论活动。1985 年出版的《知识价值革命》被翻译成 9 国语言，作为预见 20 世纪 90 年代状况的书籍得到了世界范围的肯定。1998 年 7 月到 2000 年 12 月间担任日本经济企划厅长官一职。

大前研一

加州大学洛杉矶分校教授。株式会社大前 & ASSOCIATES 董事长。株式会社 Business Breakthrough 董事长，Business Breakthrough 大学校长。

1943 年生于日本福冈县。在麻省理工学院研究生院核工程系获得博士学位。担任众多知名跨国企业以及亚太地区国家的顾问。是"无国界经济学与地域国家论"的创建者。为发掘和培养人才，担任"一新塾"和"Attackers School"的校长。1972 年至 1994 年间就职于麦肯锡顾问公司。

戴维 · 马尔福

1937 年生于美国伊利诺伊州。在牛津大学获得政治经济学博士学位。1975 年至 1983 年间，负责由 White Weld 公司（现美林证券）与 Baring Brothers 公司共同进行的对沙特阿拉伯货币管理局的投资顾问业务。1984 年至 1992 年间先后担任美国财政部负责国际问题的副部长助理、副部长，先后参与策划和实施了 G7 会议经济政策的调整、日美货币谈判、布莱迪倡议等。

中曾根康弘

原日本内阁总理大臣。

1918 年生于日本群马县。东京大学法学部毕业后进入日本内务省工作。1947 年 4 月首次当选日本众议院议员以来连续当选 20 次。历任日本运输大臣和通产大臣，1982 年成为日本第 71 任内阁总理大臣，前后任期五年。现担任"世界和平研究所"会长，拓殖大学名誉总长。1997 年凭借担任国会议员 50 年这一殊荣而受到表彰，被授予大勋位菊花大绶章。主要著作有:《政治与人生》、《二十一世纪·日本的国家战略》等。

北冈伸一

1948 年生于日本奈良县。在东京大学研究生院法学政治学专业获博士学位。在立教大学法学部先后担任副教授、教授，1997 年开始担任东京大学法学部教授。专业领域是日本政治外交史。1981 年至 1983 年间担任普林斯顿大学客座研究员。日本政治学会和日本国际政治学会理事。主要著作有:《日本的近代 第五卷 从政党到军部》、《成为"正常国家"》、《自民党——执政党的 38 年》、《日美关系的现实》、《清泽洌》、《后藤新平》等。1996 年获得吉野作造赏。

保罗·肯尼迪

耶鲁大学历史学教授、耶鲁大学国际安全保障部部长。

在牛津大学获得了博士学位。预言美苏两极格局解体的著作《大国的兴衰》成为畅销书。在其编写的另一本畅销书——《应对 21 世纪的难题》中，内容触及环境等全世界正在面临的挑战，论述了发达国家尽快制定相应对策的必要性。英国皇家历史学会和美国人文科学协会特别会员。曾为克林顿总统和联合国秘书长加利等众多领导人提供咨询建议。

目录

序章
21 世纪的领导力

为什么现在要关注领导力

稻盛和夫

　　自我二十七岁创办京瓷以来，作为一名企业经营者，我无时无刻不被"什么才是真正的领导力"和"什么才是真正的领导者"这两个问题所困扰，并进行了长年的认真思考。虽然京瓷的发展一路顺风顺水，但是随着企业的不断成长，作为一名领导者，一直萦绕在我心头的一个问题就是，如何让不断增多的企业员工们获得幸福。我从未中断过对于这个问题的答案的寻找。

　　大约在五年前，我在《新日本、新经营》一书中用了一节的篇幅，将我对这个问题的思考汇集到了一起。这本书后又被翻译成英文在美国出版，我的老朋友——当时在美国国际战略研究中心（CSIS）工作的戴维·阿布希尔先生读了这本书后告诉我说："您在书中提到的领导论令我感触颇深，这些内容是当今世界探讨领导者这个话题的人都没有触及的，这是一个问题。比如，美国总统被赋予了巨大的权力应该归功于美国第一任总统乔治·华盛顿的伟大人格，然而让人感到遗憾的是，在华盛顿之后，美国再也没有出现一位能够在人格上与其比肩的总统。可问题是，华盛顿之后的美国总统却依然继承了巨大的权力。因此我想要创建一个平台，邀请全世界的有识之士聚集一处，围绕着包括总统的应有姿态在内的'什么才是合格的领导者'这个主题展开认真探讨。我希望我的这个计划也能够得到您的支持。"

恰好，一直以来我就对领导艺术怀有强烈的兴趣，因此就接受了他的邀请，于 1999 年 4 月由稻盛财团和美国国际战略研究中心等机构共同赞助，在美国华盛顿举办了一场以"领导力、创造性、价值观"为主题的论坛。

当时，阿布希尔先生就说希望下次在日本也能举办一个同样的论坛。于是，在 2001 年年初，由稻盛财团、美国国际战略研究中心、总统学研究中心（CSP）共同承办，并在大和证券集团、三和银行、京瓷公司的出资赞助下，以"日美领导力会议——论如今被广为质疑的领导力"为主题的论坛在日本东京得以顺利召开。

随着科学技术的进步，20 世纪是一个以发达国家为中心，让全人类广泛获得各种丰富物质享受的世纪。但同时也爆发了包括两次世界大战在内的诸多战乱纷争，同时还有环境破坏、贫富差异等问题，因此 20 世纪又是一个令全人类遭受到巨大痛苦的世纪。

我衷心希望在 21 世纪能够圆满解决 20 世纪的这些问题，让全世界的人都沐浴和平，并在物质和心灵两方面都能够获得真正的幸福。而为了实现这个目标，在政治、经济等各个领域，都需要值得世人信赖和尊重的杰出领导者。

我之所以这样认为，是因为只需要回顾历史我们就能明白，不管是一个国家，还是一个企业，其兴衰成败往往都是由领导者决定的。中国有句老话叫"一人兴邦，一人丧邦"，整个人类的历史也可以说就是一部领导者的历史。

这就好比带领美国实现独立，并为美国今日的繁荣奠定了决定性基础的第一功臣——美国首任总统乔治·华盛顿。对于乔治·华盛顿这位领导者，阿布希尔先生在 1999 年的领导力会议上做了以下评论："许多从殖民地状态中解放出来的国家在独立后，又都为独裁和内乱纷争之类的问题所困扰。但美国却是一个例外，一直都保持着政治的稳定。美国能够做到这一点应该完全归功于第一任总统乔治·华盛顿的高尚人格。他在结束总统任期后，辞去了所有公职，为之后的美国总统树立了榜样。"

同样，日本也出现过西乡隆盛这样一位促成了明治维新伟业，开启了近代日本发展道路的杰出领导人。西乡隆盛对于领导者的应有资质是这样论述的："爱己为最不善也。修业无果、诸事难成、无心思过，伐功而骄慢生，皆因爱己起，故不可偏私爱己也。不惜命，不图名，亦不为官位、钱财之人，困于对也。然无困于对者共患难，国家大业不得成也。"

然而我们这个世界在拥有像乔治·华盛顿这样为民众带来幸福和繁荣的领导者的同时，却也存在着众多利欲熏心，仅仅为了满足一己私欲而蛊惑民众、侵略他国，使组织陷于泥沼，给世界制造战乱和贫困的领导者。正因如此，我们可以认为领导者攸关着一个国家和民族的兴亡。

不仅是国家，企业的盛衰也同样取决于企业的领导者。就如近年来，在日本和美国如春芽般冒出众多新兴企业的同时，也有不少传统知名企业显现出衰败的迹象。

可是，究竟怎样的领导力才能让国家和企业走向兴盛，并给其成员带来幸福？什么才是领导者的正确姿态？我们又如何才能够发掘和推举出优秀的领导者呢？

在 21 世纪里，以企业为首的各类组织，及像美国和日本这样的国家，乃至整个人类，为了真正实现物质与精神

的共同丰裕，就必须不断涌现出杰出的领导者。要想做到
这一点，各种相关的研究和探讨就变得不可欠缺。

　　在 2001 年春天举办的领导力会议上，日美两国的与会
者通过主题演讲和讨论会，围绕着"理想的领导力"这个
主题展开了研讨。众多政界和商界领导人都莅临了此次会
议。我相信通过这次会议，大家对领导者应有的姿态和正
确理念都有了更加深刻的理解。

　　我衷心期望，这次会议能够为培养出优秀的 21 世纪领
导者做出一点贡献，以此为人类创造一个更加美好的未来。

现在需要的是变革型领导力

戴维·阿布希尔

领导力会议的主题

此次关于领导力的探讨，缘起于稻盛先生的著作《新日本、新经营》带给我的感触。1999 年 4 月，我们在华盛顿举办了一场专题研讨会。在这场以"领导力、创造性、价值观"为主题的研讨会上，与会成员在政治、经济、体育、娱乐等领域围绕领导者的人格特征展开了探讨，不少美国国会议员也参加了讨论。

在 2001 年春天举办的东京研讨会上，我们将研讨主题进一步具体化，将讨论焦点对准了在处理日美两国国内问题以及两国关系时，政治和经济界领袖必须直面的实务性问题。在研讨会上，我们尤为关注的是日美两国的国民生产总值之和已占世界总额的将近四成，因此对世界而言，日美两国有着特殊的影响力和作用。

美国历届总统中的变革型领导力

在当前的政治和经济领域里，我们迫切需要的是"变革型领导力"，这个词最早是由美国总统史学家詹姆斯·麦格雷戈·伯恩斯教授提出的，与"实务型领导力"相对。所谓实务型领导，就是指那些不树立远大目标，而只是通过整合自身能力所及范围内的各种资源，按部就班向前推进的领导者。

与实务型领导者有所不同，伯恩斯所说的变革型领导者则具备引领他人的特征。也就是说，这是一种能够激发他人奋起、使人富于目标意识、并向民众展示自身价值观和愿景的领导者。在面对重要转折和严峻危机时，这类领导者往往会通过创造和革新的方式来改变世界。比如废除奴隶制。拯救了美利坚合众国的亚伯拉罕·林肯，就是一位典型的变革型领导者。

美国历史上的两位罗斯福总统也同样属于变革型领导者。一位是推动革新主义运动的西奥多·罗斯福，一位是制定新政的富兰克林·罗斯福。后一位罗斯福总统在第二次世界大战中更是发挥了决定性的领导力。并且，这两位罗斯福总统都通过变革推动了美国的中央集权化进程，让美国联邦政府的权力得到了强化。而这也恰恰是 20 世纪前半期美国历史发展的大趋势。

罗纳德·里根同样是一位变革型领导者，他对准的方向与前面两位罗斯福总统截然相反。里根试图削弱已经变得官僚僵硬、热衷于各类监管的美国联邦政府，将美国联邦政府手中的诸多权力和功能转交给地方政府或民间组织，极力主张发挥市场的作用。里根总统推行这种变革的背景在于信息技术的进步使得分权化成为可能，只有分权才能让政府效率得到飞跃性的提升。之后的克林顿总统继承了里根的思维，继续打造小政府，推动社会福利改革。两位罗斯福总统和里根总统都是自身所处时代的风云人物，在紧要历史关头清楚地认识到了问题的核心，并找到了解决途径。变革型领导者应像他们那样，能及时感受到时代的要求，并予以切实回应。

日本的变革型领导者与当前的挑战

日本的变革型领导者是于 1868 年"集体"登场的。他们就是在明治维新时期效仿西方国家建立起日本现代政府的那一群人。然后到了 1945 年，在得到麦克阿瑟领导的占领军支持的同时，日本再次出现了变革型领导者群体。

二战结束后，由于财阀解体以及世袭制度的崩溃，日本产业界进行了重组。在融入世界贸易自由化进程中，整个日本产业界一边倒地转向了以出口为主的高科技产品领域。在这场转变中，在幕后发挥了关键性牵引作用的就是日本通产省。现在再回头去看，在那个时代，日本的集体领导力确实得到了淋漓尽致的发挥。当然，我们也不能忘记一个先决条件，就是《日美安保条约》既为日本创造了一个有利于其全力发展经济的国际和平环境，又为日本节省了大量军事开支。

正是这种集体领导力促成了日本战后三十年的发展潮流。而日本产业界也顺应了这种潮流，引进了质量管理理念，制定出新标准，由企业和政府领导人共同制定出了全面的产业战略。

之后由于日本得意忘形，经济热潮随之退去，泡沫经济也就此破灭。最近十年，日本经济处于停滞不前的状态中，资本持续外流，在食品、建设以及流通领域生产效率极低，能源、原材料、劳动力等国内成本居高不下，从而迫使日本的制造业不得不流失海外。日本的银行系统同样是问题重重。此外，整个日本社会的老龄化现象正在急剧加速。细观当前日本，已经完全没有了十五年前被公认为世界经济发展速度第一的风范。当然，日本仍然拥有世界屈指可数的优秀企业，在某些领域里，生产效率依旧位居世界前列。

在此，我想要表达的是，日本和美国一样，也迫切需要新的变革型领导团队。而且，日美两国自身也应该作为能够影响全世界的变革型领导者，在安全保障和经济这两个领域进一步加强合作。

日美两国在相互学习的过程中一路走到了今天。日本在明治维新时向西方学习商业知识和技巧，二战后还从爱德华兹·戴明（戴明博士是世界著名的质量管理专家，他因对世界质量管理发展做出的卓越贡献而享誉全球。以戴明命名的"戴明品质奖"至今仍是日本质量管理的最高荣誉。——译者注）教授等西方人士那里学到了质量管理新模式，从而诞生了像丰田和索尼这样的新型日本企业。到了20世纪80年代，美国企业已经被日本企业反超，于是像宝洁、摩托罗拉、通用汽车等美国企业开始反过来向日本一流企业学习，努力提升自身竞争力。

这些经验告诉我们，日美双方永远不应该为自身暂时的优势而骄傲懈怠。在已经进入 21 世纪的现在，我们必须着眼于更加遥远的将来。

美国当前面临的挑战

接下来让我们再具体思考一下美国领导者当前所面临的问题。首先需要注意到的就是保罗·肯尼迪（1945—，英格兰人，美国耶鲁大学历史学教授。——译者注）在《大国的兴衰》一书中所指出的，大国往往会无效率地滥用自身国力。

小布什政权就面临过众多课题。一是如宇宙开发、人类基因图谱以及 IT 领域所取得的惊人进步这样的积极面，与动荡的金融市场、恐怖主义、人口结构的巨变等消极面相互交织重叠、混为一体的现象。在后冷战时期，整个世界的混乱正是源于这些因素的交织混杂。置身于这种混沌不明的状况，作为领导者需要迅速做出正确抉择，然而情况的复杂迷乱却更容易诱导他们做出错误判断。

二是短视行为正在抵消长期政策的效果。比如，美国政府在冷战时期不断向基础研究投入大量资金，并为今天美国生产力的提升做出了一多半的贡献。信息技术的进步使生产力有了显著的提高，在不出现通货膨胀的情况下，经济能够实现增长。冷战结束后，由于美国政府政策优先顺序的更迭，对于基础研究的投资日趋减少，这可能会影响到未来美国生产力的进一步提升。

三是政府对于未来成为美国发展关键的基础科学和教育的长期投资。如果能够妥善处理好这两个方面的问题，那么美国将有足够的能力应对政治和军事领域的暂时危机，并处理好恐怖主义和金融危机的挑战。然而，美国现在在这两个领域却处于裹足不前的状态。

四是当前美国社会弥漫着的幸福感。进入 21 世纪，美国政府很幸运地能够保持财政盈余，这主要归因于冷战的结束使得美国不再需要过度消耗国力，以及对财政的严格监管。当然，我们同时也不能忘记信息产业大突破所带来的恩惠。但正是这样一种成就感，让所有人都变得掉以轻心，认为财政盈余将会一直持续下去的乐观情绪蔓延开来。这也就使得美国人误以为领导者只要是实务型、踏实型便足够了。正是这一点大错特错。而上任之初的小布什总统在内政和外交两方面着力推行各种各样的政策，使得美国可以选择的空间进一步缩小。

　　五是在国际政治舞台上，美国是否能够继续维持主导地位。尽管美国确实是世界唯一的超级大国，但是要想继续维持这个优势，就必须在一个宏观的战略基础上努力构建有利于美国的国际环境，并为此做出不懈努力。等到出现问题后亡羊补牢的做法是完全行不通的。

　　六是由信息革命所导致的脆弱。由美国引导的，席卷全世界的这场信息革命在巩固了美国的强大地位的同时，又给美国带来了新的弱点。如果现在爆发了世界性经济危机，就有可能出现无法收场的局面。并且，美国的零储蓄率、对外国资本的过度依赖，以及经常性收支赤字等痼疾在经济出现萧条时都会进一步恶化。美国的政策也无法及时与技术的进步实现同步。如前所述，对基础研究的投资在不断减少。这种形势下，信息差异不断加深与扩大，这在大企业和中小企业之间表现得尤为明显。

　　七是安全保障领域的问题。美国的对外军事干涉行动与冷战结束时相比增加了四倍，而且美国也未能及时预见迄今为止的国际形势变化并建立起一个对自身有力的战略环境。因此，美国的国家安全保障战略无法应对当前以全球化和地区冲突激化为主要特征的状况，这最终导致小型的大规模杀伤性武器有可能被偷运进美国本土，而洲际弹道导弹的威胁更是日益加剧。

八是城市问题。一是美国教育体系面临着崩溃的危机。从幼儿园开始，一直到高中为止，有太多的学生中途退学。二是美国社会老龄化现象的加剧进一步凸显了美国社会保障制度与医疗制度的缺陷。同样，美国政治家的政治资金募集方法问题也不容忽视，必须重新建立一个合理公正的政治资金募集机制。

以上这些重要领域都需要领导者们能够积极地发挥出变革型领导力。它需要以总统为首的，包括优秀议员在内的政治家们不拘泥于各自的党派和意识形态，共同形成新的政治核心势力。例如，我希望能把民主党的约翰·布鲁参议员和共和党的查克·哈格尔参议员召集到一起，请他们二位做我担任所长的总统学研究中心和我创办的美国国际战略研究中心两个机构的顾问。

小布什总统的领导力

小布什总统在就任后的数周时间里，一直都在寻找能够超越党派和意识形态，在议会中可以携手合作的伙伴。这是美国总统历史上前所未有的事情。当然，政治领域里的携手合作往往会因为宗旨不同而使得对象产生变化，但是携手合作本身确实是必要的。

小布什是一位非常注重日常行为举止的人，在美国首都华盛顿，其他政治家们也因他的就任开始对自己日常的礼仪和言行注意起来。即便是政治立场与小布什截然对立的自由派的美国国会参议员泰德·肯尼迪都称赞小布什总统带来的这样一种启蒙效果。

在外交领域，小布什总统奉行了他的父亲——美国前总统老布什著名的"电话外交"，与各国首脑频繁地进行电话会谈。公开演讲时的小布什总统却表现得不如罗斯福和里根那样娴熟。与少数人会谈时，小布什总统倒是能够表现出谦虚礼貌的态度，认真倾听对方的发言。他的这点长处，有效弥补了其不擅长公开演讲的缺点。

小布什总统的谦虚也体现在其他场合。例如他对陆军军乐队发出过指示，要尽量减少演奏"向最高司令官敬礼"（**美国总统是美国军队的最高司令官。——译者注**）这首乐曲的频率。

由于美国强大的军事力量覆盖了整个世界，因此美国总统就必须像小布什一样保持谦虚。这既是为了确保同盟国家的支援，也是为了确保美国的安全，维持世界和平。

此外，当发生了类似"爱媛丸号"事件（2001年2月9日美国核潜艇"格林维尔"号在夏威夷火奴鲁鲁港附近海面与日本渔船"爱媛丸"号相撞，导致这艘渔船沉没，10人失踪。——译者注）这样的过失时，美国政府必须认真调查、赔偿和谢罪。作为世界领导者，美国需要采取这样的应对措施。

日本政府应该任命商界领袖担任内阁成员

让我们的话题重新回到日本，对在日美之间的会谈中所出现的一些声音进行介绍。

首先就是"日美21世纪委员会"。我和稻盛先生是这个委员会的共同发起人，并邀请了美国的前总统老布什和日本的前首相宫泽喜一以国家领袖身份参加了这个委员会。这个委员会在1998年发表的报告中有一段重要的内容："日本产业界的发展常年得到政府的指导与业界协会的支持，然而进入新的阶段后，知识集约型的多样化产品和服务成为了经济的基础。日本应遵循全面的自由市场原则，确保彻底的透明度，进一步开放国内市场。通过促进竞争推动合理化和效率化进程，这也将有助于维护日本消费者的利益。"

日美双方的与会者共同签署了这份声明，日本要想解决这些问题，最终还是需要变革型的领导者。

其次就是最近举办的"关于竞争力的日美对话"。这场会谈是由美国竞争力委员会（由美国的产业界、学术界、劳工界领袖共同组成的一个非营利性组织）和日本的经济同友会共同举办的，哈佛大学的迈克尔·波特和小林阳太郎先生也参与了此次会谈。

波特教授在会议上一针见血地指出："日本曾向美国学习过，后来美国又回头向日本学习。现在，日本再次准备向美国学习。"他还说"日本依然具有尚未挖掘出来的巨大潜力"。在这次会议上，还有意见认为：为了重振日本经济，商界领袖应进一步发挥更大的作用。美国第 72 任财政部部长保罗·奥尼尔也在不同场合发表了相同观点。

我也认同这个观点，美国经济之所以振兴，秘密就在于总统任命那些曾任企业 CEO，创造了实际成果的商界领袖担任内阁成员。克林顿政府在经济政策上的成功，很大程度上应该归功于罗伯特·鲁宾。罗伯特·鲁宾曾担任过高盛集团的共同营运总监，作为克林顿政府内阁成员，他先担任了美国国家经济委员会的主席，之后又被任命为美国财政部部长，深谙资本市场。小布什总统也同样任命了四位企业前任 CEO 进入内阁，以此谋求推动国防、社会保障、竞争力等领域的改革。

眼下在日本，丰田章一郎等人其实也应该进入内阁。丰田先生是世界最大的汽车制造厂商的经营者，为了日本能够实现新的飞跃，那么也应该选派优秀的变革型商界领袖进入内阁，施展才华。

当年美国把戴明博士送到日本，传授质量管理技巧，并大获成功，使得日本企业发展超过了美国企业。于是，美国开始向日本学习，甚至为此设立了"马可姆·波里奇国家质量奖"（The Malcolm Baldrige National Quality Award，在 20 世纪 80 年代，为了应对日本产品对美国本土工业的冲击，美国前商务部长马可姆·波里奇召集了几十位经济专家、管理学家和企业家进行研究，在充分研究的基础上，提出了设立美国国家质量奖的建议。它每年只授予 2~3 家具有卓越成就、不同凡响的企业。为了表彰波里奇在促进国家质量管理的改进和提高上所做的杰出贡献，美国国会通过了国家质量改进法案，创立了以他的名字命名的国家质量管理奖。——译者注）。现在，日本又需再次向美国学习了。日本想要实现改革和振兴目标，就必须认真学习美国优秀的商业模式和分权型管理。同时，日本政府也要效仿分权成效不菲的美国政府的政府形态。这些都需要唤起新的领导力潮流。

我们必须注意一点，如迈克尔·波特所指出的，日本虽然在公开竞争领域非常强悍，但是在管理竞争领域却是一塌糊涂。同时，日本也不能忽略，美国的成功可以归功于及时完成了从罗斯福式的中央集权向里根式的分权化的转型。

日美两国面临的共同挑战

最后，我想就日美两国面临的共同挑战以及两国在经济和安全保障领域的责任与义务做一些阐述。日美同盟的意义远远超过了单纯的两国同盟，尤其是两国在经济领域的合作。由于日美经济的同时衰退有可能导致全世界经济的萧条，因此两国政府必须未雨绸缪，尽早制定危机应对计划和预防经济萧条的相关政策。如果美国的经济衰退与日本的经济萧条同时发生的话，必然会导致令人担忧的状况。日美两国经济发展一旦出现问题，就意味着近四成的世界国民生产总值出现严重问题。

如前所述，美国同样存在着经常性收支赤字、居民储蓄率无法提升、过于依赖外国资本、消费者负债过多等缺陷和问题。经济增长状况良好的时候，这些问题显示不出来，但当经济出现严重倒退时，这些问题就有可能爆发。

所有问题都显示出了时代对于领导力的呼唤。它是推动改革和复兴的领导力，也是进行危机管理的领导力。

我与学术团队对美国历届总统的成功和失败的历史进行了深入研究，并编纂集结了 76 个相关案例。通过研究，我发现"信赖"是国家领导者的一项重要资质。如果把"信赖"比作"硬通货"，那么它可以说是一种由个人资质所创造的货币。所谓"个人的资质"，就是一个人的人格。人的内在人格通过外在行为举止表现出来，从而形成了人与人之间的信赖，而信赖又是构成领导力的关键要素。

美国历史上的两位罗斯福总统和里根总统都具备了杰出的人格，从而获得了公众的信赖。我相信今后在日美两国国家之间，以及两国政治家与民众之间必定会形成相互信赖的关系。要想实现这一点，首先就需要从公正合理的政治家选举资金改革入手。

小布什政权的路线与言论已经清楚地表现出了这种布局。前面所提到的布鲁参议员和哈格尔参议员也都已经明确指出了这一点。美国新任财政部长奥尼尔公开表示要与日本的商界领袖进行合作。这都显示出美国新政权是日本能够信赖的积极的合作伙伴。对十分重要的日美关系而言，这是一个非常好的兆头。

日美两国都是在不断从历史中汲取经验教训的过程中一路走到了今天的，也都希望朝着更加美好的未来迈进。为此，我们必须更新自己的思维，共同确立变革型的领导力，这也是日美两国对于世界经济和安全保障所应该承担的责任和义务。

第一章

产生领导者的社会条件

从法律专家的角度思考日本政治领导力

中坊公平

以一介市民和一名法律专家的视点

从 1957 年至今，我一直在大阪从事民间律师工作。期间，既没有参与过任何政治活动，对领导力这门学问也没做过任何专业研究。因此，我只能从一名普通市民和一个法律专家的角度对"日本政治中的领导力"这一话题阐述自己的观点。

具体而言，日本社会中的统治客体意识（国民认为自己是被统治者的意识。——译者注）对产生领导者的社会条件造成了重大影响，我就从这一点开始我的阐述。此外，我还想要强调的一点是，真正的领导力应具备理念先行型和现场主义的特点。

日本的闭塞与混乱

自泡沫经济破灭以来，在长达十多年的岁月里，日本的政治、社会、经济等所有领域都陷入了极度闭塞和混乱的状态。从而引发了改革的浪潮，并波及了社会的各层面。政治改革、经济改革，还有法律界的司法改革，成了当今日本改革的主题，我本人现在就在担任日本司法制度改革审议会委员。然而，所有改革都只是"各自为政的改革"。

当前日本社会的危机还有更深层次的原因。我认为，当前所有的混乱归根结底在于人的心和意识出现了问题，因此当务之急，我们要重振日本全体国民的活力。

如果想从整体上探寻日本的最佳形态的话，那么关键自然就在于政治制度。所谓政治，毋庸置疑就是指在日本国会制定法律的行为。如果以人的身体作比，相当于人的心脏。此外，政治属于完全由人操控的事物，只会依照人的意志运作，不像经济等其他领域还会受到市场等各种各样因素的影响。唯有政治才是纯粹由人掌控的。

也就是说，政治是国民意识的反映，因为政治领袖是由国民选举出来的。世间广泛流传的"政治都是丑恶的"

观点折射出国民自身的丑恶。在国民与政治之间还有媒体的存在，而媒体本身也同样存在着问题。而所有问题的根源还是在于国民意识。

若有人问"什么是国民的丑恶"，我的回答是："国民的丑恶"在于统治客体意识。日本宪法力推国民主权，将之定义为人类共同的原理，国民主权如同是日本宪法核心中的核心。然而日本国民却怎么都不具备这样一种统治主体意识，无法自我意识到"自己就是主权者，是国家的主体"。

司法界将这种状况描述为"法律没有与社会完全融为一体"。这个问题后面还会提及，日本国民将政治制度，也就是国会制定的法律视作统治阶层的命令，未将其当做自身可以使用的工具。我认为这是问题的根本所在。

"两折司法"的问题

一直以来，我都把日本的司法称作是"两折司法"。也就是说，日本的司法只发挥出百分之二十的机能，与社会的融合度仅仅有20%。那么，日本司法80%的机能未发挥出来的原因是什么呢？首先，我认为绝大部分原因是国民的"忍气吞声"意识。"忍气吞声"意识有两种：有意识的"忍气吞声"和无意识的"忍气吞声"。

例如，日本内阁大臣批准的电力、天然气、铁路等公共服务价格过高，当普通国民打算就此提起行政诉讼，要求政府调低公共服务价格时，日本最高法院却于昭和五十三年（1978年）做出判决，认为国民是公共服务的使用者，没有资格提起这种诉讼。也就是说，日本最高法院判定使用者无权对公共服务价格提出异议，并以此为由驳回了申诉。现实情况却是，他们甚至连高昂还是便宜都没核查过。表面上"法律是为了维护使用者的利益"，事实却并非如此，结果使得一般老百姓往往就只能无意识地选择"忍气吞声"。

其次是通过政治斡旋、"和稀泥"的解决问题方式。一个典型例子就是我曾经参与解决的"住专问题"（日本7家"住宅金融专业公司"泡沫经济时期投入的多数不动产贷款无法回收，出现了大量不良债权。最终，日本政府动用了政府资金加以解决。使该问题演化成政治问题，成为日本社会关注的焦点。——译者注）。"住专问题"一言蔽之就是国会议员中的金融利益集团与农林利益集团之间的政治力量角逐。由于国会中的农林利益集团势力更加强大，所以案子最后完全是依照农林利益集团的意愿做出了决策。最后，由于资金不足，代价却让无辜的日本国民来承担，花费了纳税人 6850 亿日元的税金。

这种政治斡旋应该遭到批判，原因在于这种斡旋没有任何法规可循，完全是拳头大的一方说了算。这也是当前日本国会的真实写照。

再次，解决各种纷争时，经常使用"暴力"手段。在日本，黑社会等黑暗势力的幕后社会影响力远远超出了人们的想象。各种巧取豪夺也是暴力的一种。

最后，也是最严重的，就是行政机构打着"行政指导"的幌子向有关对象施以巨大压力。很多原本应该拿到司法部门裁决的案子，结果却都由政府接手处理。正是这种"两折司法"的社会构造使司法无法发挥应有的作用，这一点也是当前日本社会的一个极其严重的问题。

近代日本的"断层"与传承

现在人们正从各种角度对 21 世纪的走向展开热烈的探讨。每次探讨，我都会提出要"牢记 20 世纪"。"忘记过去的人看不见未来"，过去的历史已经足以映射出 21 世纪的景象。

那么 20 世纪究竟是怎样一个时代呢？从 20 世纪之始的 1901 年，也就是明治三十四年，或者更早一些的明治维新开始，日本近代史的实际状态又是怎样的呢？我们该如何看待由《大日本帝国宪法》的正式颁布实施和日俄战争开启的明治时代呢？

毋庸置疑，日本近代史上与明治维新匹敌的另一个重大事件就是日本二战投降。由于战争失败，作为一个国家，日本一度陷入灭顶之灾，国土被占领，连宪法也被迫改变。这种变化使得日本的国家主权者观念从天皇主权转变成为国民主权。

自明治维新以来，日本的国家形态曾经出现过根本性的重大改变，每个时代都与之前的时代完全"断绝"。虽然国家的体制出现了根本性的重大转变，可是日本国民并没有因此舍弃"我们是被统治者"的统治客体意识。

作为一名律师，我经常接手消费者诉讼案，这类案子所适用的《消费者保护法》中的"保护"一词难道不是意味着消费者要接受谁的保护吗？"消费者保护法"的叫法基本上意味着作为普通日本国民的"我们处于弱势地位，需要接受政府保护"的意识。

明治史与日本战后史的类似之处

日本在从明治维新开始的三十多年的时间里取得了快速的进步。在此期间，日本制定了现代国家所必需的宪法以及其他各类相关法律。工业化进程如火如荼，打赢了原本被世人认为毫无胜算的日俄战争。日本作为一个国家达到了兴盛的顶峰。接下来到第一次世界大战为止，日本出现了通货膨胀性质的泡沫经济。就在我出生的 1929 年，受世界经济大萧条的影响，日本经济陷入衰退之中，日本政府先后发动了中日战争、太平洋战争，并最终导致日本整个国家的覆灭。

1945 年，整个日本都化为了一片废墟，所有人都认为日本再也无法复苏了。然而，日本只花了三十多年的时间就实现了举世瞩目的复兴，甚至成功地战胜了石油危机，成为世界第二的经济大国。但是，1990 年日本的泡沫经济破灭后，整个日本社会又陷入了一片混乱之中，直到今天，都没有找到从根本上解决问题的出路。

回顾日本近代的发展历程，历史似乎在不断重复。1929 年由于泡沫经济的破灭，日本失去了曾经的繁荣，然后不断发动战争，最终走向了衰败。当时的日本为什么要发动战争呢？我个人认为：日本希望通过战争刺激内需。当历史行进到 2001 年，日本仿佛又遇到了那个时代所面临的情况。

在明治维新时期，由于日本拥有优秀的领导人物，因此通过权力政治，利用国民的统治客体意识有效地主导了整个日本社会，让日本获得了巨大的发展。二战之后，也因日本健全的官僚体制，使日本成功实现了战后的复兴。但是，统治客体意识只有在国家目标明确的前提下才能发挥出积极有效的作用。一旦国家陷入困局，全体国民必须靠自己思考未来目标的时候，自然会造成各种混乱。

司法的职责与作为工具的法律

从司法的角度看，这个问题又归为"法律的本质是什么"。我们可以把法律视作是基于上级命令的一种管制。然而，真正的法律原本是在国民主权的前提下，国民利用政治家制定出的一种产物。也就是说，法律不过是一个工具而已。法律的目的是为了让社会能够合理运行，就像木工的刨刀和凿子一样便于使用。所有国民都必须具备"法律一旦出现缺陷就应该立即予以纠正"的意识。

国家是由立法、行政以及司法三权共同构成的。如果用人的身体作比喻的话，就宛如心脏、动脉和静脉。首先，由作为心脏的国会的立法机构向外输出法律的血液，然后法律通过动脉这个行政机构被付诸实施和推广。当用法律来约束国民时，会产生各种各样的问题，出现诸多矛盾。例如，当普通公民认为政府的公共服务费用过高，不符合常理时，可以由下向上提出行政诉讼，这就是司法应有的职能。

司法机构就像静脉，必须通过司法机构将国民的价值判断重新递交给国家。如果法律本身存在问题的话，就必须予以纠正。这和人体血液循环的原理完全相同。然而在日本，由于前面所说的"两折司法"的现象，下面的判断往往无法传递到上层。尽管所有成员都会听命于由上至下传达命令的行政机构，但是统治客体意识使得下层判断最终无法传递给上层。如同我们的身体，导致"血液循环不良"现象的产生。

警察丑闻与"血液循环不良"

2000 年，日本警界连续爆出丑闻。为此，日本政府紧急召开了会期长达 4 个月的警察改革会议，我作为会议参加者提交了解决建议。这一系列丑闻的核心问题包括：为什么以神奈川县警为首的警界高层都在试图掩盖丑闻；警察不把日本国民提交的投诉当回事，甚至不予立案，一副"上面做的事情没有任何错误，你们不要嘀嘀咕咕抱怨个不停"的态度；还有就是民事不介入问题。

这些在警察界这种行政权力中枢机构中发生的丑闻，本应在组织内部向上报告。然而，由于报告会使上级主管承担相应的监管责任（即便是警察本部长，部下的丑闻被公之于众后也同样会遭到问责），于是相关人员和机构就想方设法地掩盖这些丑闻。这也是问题的根本所在。有鉴于此，我们提出建议：先将负责接受国民投诉的机构独立出来；进一步健全监察制度；对包括警察本部长在内的"心脏部门"进行改组。

这类问题不仅限于政府和警察界，企业界也存在。企业会收到众多负面信息，它们也应以和警界相同的方式向上传递。负面信息与客户的投诉原本应该通过不同途径回到"心脏部门"，使这些负面信息得以净化，形成有效的循环。然而，日本企业的状况却并非如此。

摆脱统治客体意识与国民的司法参与

统治客体意识在特殊的场合会产生很好的效果，但是，今后随着价值观的多样化和全球化，当人们在社会中必须基于自身立场进行独立思考时，统治客体意识便会造成严重的后果。当今这个时代，国民缺乏主体意识是一个致命性的缺陷。这样的国民无法选举出合格的领导者。我认为这正是日本的根本问题所在。

如何才能让日本国民从统治客体意识中解放出来，在司法制度改革审议会上我们展开了讨论。我认为日本国民也应以"裁判员"的名义介入司法。但不少人却认为这纯属多此一举，认为"那些经验丰富的法官们完全能够承担起相关的职责"。

让我们来看一下美国的陪审员制度。首先选出 30 名左右的陪审员，然后要求那些不方便参加陪审的人举手，大多数人都会把手举起来。这种情况下，法官就会把那些举手的人逐一叫到自己的办公室进行类似下面的交谈：

"说一说你的不方便之处是什么？"

"我必须去公司上班。"

"但是你作为陪审员的义务应该优先于公司工作。"

······

总而言之，美国的这种司法制度建立在运用大量的时间与劳动力的基础之上，对于民主主义而言，这也是非常重要的一个方面。

日本之所以需要国民参与到司法当中，是因为国民的统治客体意识并不是那么容易就能够消除的。不管国家体制如何改变，这种意识都不会有任何变化，必须不屈不挠地利用司法这个平台来改变这种现状。日本已经有了包含普通国民在内的检察审查委员会，就像检察审查委员会一样，应让国民如同履行纳税义务一般以"裁判员"的身份加入到法庭审判中，通过这种方式让国民树立踊跃参加处理由下往上提交的投诉的理念。

理念先行型领导力

接下来我们再把注意力转移到正确的领导力上，不只限于政治领域，究竟该如何发挥领导力。我认为领导力应具备理念先行型特征。领导者必须能够展示根本理念，然后指出相应的实施途径。若非如此，实际工作中，往往只能是见招拆招，或者极力保持中庸姿态。

一般而言，行动先行型领导者易被认为是脚踏实地、人格完美的伟大领导者。但是，这样的领导者摆脱不了改良主义的桎梏，遇到棘手问题总是绕着走，无法实施根本性的变革。理念先行型领导者与其相反，总是直指事物的本质。不消除统治客体意识，日本就不可能走向正确的方向。为了实现这个目标，我们该如何做呢？

在这个世界中，身处低洼处，视野就会受到严重蒙蔽，变得异常狭窄。只有高处眺望才能够看清组织与制度的缺陷，认清解决之道。

要想发挥理念先行型领导力，就必须做好充分的准备，确保集体的力量和可持续性的动力。走一步算一步的做法绝不可能获得理想的效果，只有在保证了充足的准备、集体的力量、可持续性动力的前提下，领导者才能够真正发挥出领导力，推动改革的进程。由于世界充满了诸多不确定因素，因此我们又不能过于固执，必须保持一定的灵活性。

在参加森永毒牛奶中毒事件的受害者辩护团时，我第一次认识到理念的重要性。在访问那些遭遇不公正对待的受害者的过程中，我目睹了受害者的悲痛欲绝场面。我在这些人家里进行过彻夜长谈，虽然森永食品公司和日本政府的行为恶劣，受害者们却并没有口出恶言，因为他们早已知道不可能获得真正意义上的救助。只能责备自身的过失。

正是在这个过程中，我知道了这个世界还存在着一种更高层次的"理"。这是一个与"理念"的"理"相同的汉字。司马辽太郎在《这个国家的形象》中说"理"这个字的原意就是将玉从原石中剥离出来的意思。据说石匠们能够看出石材的断裂纹路，用金属工具敲击普通人无法看出的石头纹路，石头就会沿着纹路断裂开来。所谓理念，原本就是这样一种简单明了的存在。

贯彻现场主义

此外，领导者要想确保高屋建瓴的视野，必须对实践现场有着透彻的了解。如果只罗列抽象概念，绝对不可能触及事物的核心本质。我一直认为"上帝总是隐藏在现场"，结果也只可能出自于现场，这也是作为领导者的一个重要出发点。

美国女科学家雷切尔·卡逊（Rachel Carson，1907—

1964，海洋生物学家，她的《寂静的春天》激发了美国乃至全世界的环境保护事业。——译者注）在《寂静的春天》一书中写道："假设你坐在一个大屋子的中央，屋子有一扇狭小的窗户，一个人离这扇小窗户比较远时，只能看见窗外一点景色。当向窗户走近些时，他所看到的窗外景象就越来越多。当贴近窗户时，他透过这个狭小的窗户能够看到整个世界。"这与我的理念完全相同。

也就是说，只有亲身深入实践现场，人才能领悟到事物的真相。

在实践现场，我们会通过自身的感官对事物进行确认，对结果进行思考，解明事物之间的因果关系。我们进行思考时，前面所说的历史经验和世俗智慧往往能够成为我们的武器。我相信只有这样，我们才能接近最核心的问题。

同时，我也认为"要从现场入手去说服他人"。任何领导者，如果无法说服他人、获得认同，就不足以成为一名领导者。要想说服他人，首先应基于自己的实践体验来展开说服工作，只有这样才会产生不同寻常的影响力。这样的说服者能够基于自己的体验，在对现场有着清楚认识的前提下，展开具体的口头说服工作。

我是一名几乎从未打输过官司的律师。我这样说，也许有些自吹自擂。我并没有多么了不起的本事，但是我总能在法庭上说服法官。我相信亲临现场接触真实物证、目睹实际状况给我们带来的影响，它能让我们说服他人。

这个道理对被说服者一方也同样适用。人的本质基本上都相同，我们所有人的感受和体验都具有相似性。被说服者在听了说服者的话后，往往也能够产生"原来如此，他所说的这些其实我也有过相同体会"的联想。只有当"说服者的感染力"与"被说服者的联想"交织融合在一起时，说服工作才能成功。

并且，"直觉也是来自于现场的亲身体验"。我们经常会说，世间总会遇到前途未卜的事情，这个时候往往又需要立刻做出决断。此时，能够给我们启示，指明方向的，往往正是我们的直觉。领导者必须具备这种能力。而直觉最终来源于诸多现场体验的积累和沉淀。

对于"公"的思考

本文的最后，我想换一个角度来说明社会大众应该如何推选出合格的领导者，以便让这个国家摆脱当前的混乱状态。

自从日本跻身发达国家的行列，绝大多数国民都成为中产阶级之后，世间对"公"的认识也随之发生了改变。在日本社会里，个人主义的影响不断蔓延。尤其是近年来，只在乎个人利益的客体主义，也就是利己主义的倾向日趋严重。这种状况下，要想推选出优秀的领导者，社会大众就必须重新对"公"的概念进行认识。二战之后，日本社会出于对战争期间鼓吹"灭私奉公"的思想给日本大众造成的苦难的抵触，大家对"公"这个概念几乎没有什么好感。然而，"公"这个概念原本并非代表着"官方"，而是"所有人"的意思。

我的名字"公平"中恰好也有"公"这个字，日本的人事院公平审查局前局长在给我的一封信中，对"公"字做过详细的解释。根据他的说法，"公"字可以拆分为"八"和"厶"，"八"刚好与"背"字上半部的"北"有着相似性，而"厶"又正是"私"的右半边。也就是说，"公"就是与"私"背道而驰的意思，所以绝不是官方的意思。

我们现在需要认真思考的正是个人与"公"之间的关系。一个人不能以为只要没有给别人造成麻烦就可以为所欲为。所谓的国民主权，就是社会大众共同推动社会发展的意思，如果缺少这种自主意识，日本绝不可能选举出优秀的领导者。好的领导者不可能在一夜之间突然产生，这其中的关键不仅仅在于被选举者，选举者也会起到决定性作用。因此，我们每一个人都不应沉溺于自身和私利之中，而应该思考如何去为他人做出贡献。

人人都要做到自立与自律

那么，我们应该如何推选出优秀的领导者呢？这就需要满足以下两点：一个就是能够做到依靠自身的"自立"。不依附他人的价值判断标准，而是基于亲身体验来确立自己的价值判断标准。另一个就是"自律"，也就是严格要求自己。不单单是领导者，推选这些领导者的民众也要做到无私。鉴于此，甘于为他人奉献的胸怀自然也就成了一切的根本。我相信这种做法更容易让我们感受到幸福。

只有我们每一个人都做到自立和自律，才有可能推选出优秀的领导者。作为领导者，最根本的就是确保无私的理念。在紧密结合实际的同时，又能够以较高的视点推行并实现自身的理念。这个世界，很多人都倾向于负面的自我暗示，而作为领导者，必须摈除这种负面影响，心怀坚定信念，朝着目标不屈不挠、勇往直前。

最后，我想介绍一下"一灯照隅，万灯照国"这句话。所谓"一灯照隅"是创立天台宗的最澄（767—822 年，日本平安时代僧人、日本天台宗的开创者。——译者注）的话，被写在了比睿山（比睿山别称天台山，自传法大师最澄由唐朝回国后，一直是日本天台宗山门派的总本山。——译者注）的根本中堂的大殿之上。也就是说，仅凭一人之力，不管如何努力，只可能照亮一个角落。没有人是万能的。如果所有人都能照亮自己所在的那个角落，能够立足自我，为他人奉献，那么这无数盏灯就必然能够照亮整个天下。我相信只有这样，才能够使日本从当前这种混乱与闭塞的状态中挣脱出来。

知识经济社会的领导者形象

堺屋太一

产生领导者的国民性与时代性

我以前出版的《组织的兴衰》一书，被译成七国语言，并进入了畅销书目。书中，我对领导论进行过探讨。在撰写该书的过程中，我深深地感受到，一个国家的领导者是由其所在国家的社会状况、国民性，以及时代性所选拔出来的。

回顾历史，那些实现了众人心中艳羡的目标、获得了成功的人，以社会大众对其态度的不同，可以分为认同的时代和嫉妒的时代。

前者可以以16世纪的世界为例。16世纪是一个强者辈出的时代，在欧洲出现了英国的伊丽莎白一世，西班牙的菲利普二世，俄罗斯的伊凡雷帝；在日本则出现了织田信长、丰臣秀吉。这里顺便说一句，织田信长比伊凡雷帝小三岁，并且早两年离世；而菲利普二世与丰臣秀吉的死期仅仅隔了数日。在那个时代，伟大的领导者层出不穷，皆名垂青史。

然而，在那之后，对获得成功的人认同称道的氛围开始消散。对于成功者，世间不仅不再认同，反而开始给予激烈的批判，成功者得到的更多是嫉妒而非肯定。二战后的日本也是一样。在战争刚结束的时候，松下幸之助曾经由于自身的财富而被视为国民英雄。日本社会对获得成功的人给予正面认同的传统仅仅延续到 20 世纪 60 年代，之后，整个社会对成功者就只有嫉妒而非认同了。现在，这种倾向愈演愈烈，罄竹难书。这样一个时代，很难产生出伟大的领导者。

具备明确理念的战后日本

思考二战结束后的日本时，非常重要的一点就是，当时的日本在国家战略方面具备了明确的理念。放眼世界，像日本这样全体国民拥有一致明确理念的国家实属罕见。

这个理念就是：经济上，通过发展大规模生产模式，建立一个富裕的工业国家；外交和政治上，以日美同盟为基轴，加入西方自由主义阵营。想要同时实现这两个目标，原本是一件困难的事情，不过受惠于冷战格局，日本却做到了。

二战后的日本为了建立一个适合于大规模生产的工业社会，选择了由政府主导、产业界相互协调合作的体制。19世纪的德意志帝国早已证明，对发展滞后的国家而言，这是实现自身成长的最佳途径。日本也是同样，在依照某种规格推动大规模生产模式的时候，往往能够动员一切制度、传统以及政策等资源。

通常一个国家在制定这样一种发展战略的时候，容易与采取自由主义市场经济政策的国家产生冲突。不过二战后的日本应感谢冷战这样一个世界史上独一无二的格局。由于冷战，使得日本能够与美国结盟，顺利融入西方自由主义阵营。

在这样一种国际大环境下，日本的领导者只需按照既定方针，针对具体情况进行综合调整，一切便万事大吉。这种倾向在政府领导者中尤为显著，这种状况在战后的日本持续了相当长的一段时期。

富士山式的领导者和三笠山式的领导者

作为上述大环境的产物，二战后日本的领导者类型也就变得屈指可数。以日本总理大臣为首的那些著名政治家，大体可以分成两类：一类是富士山式的政治家；另一类就是三笠山式的，就像奈良的那座翠绿小山一样的政治家。

富士山式的领导者远处看，显得伟岸卓越，走近了就会发现遍山碎石嶙峋，难以让人产生良好的感觉。这种类型的领导者能够聚集大众人气，激发改革梦想。走近时，他们那种寸草不生的荒山的感觉却难以把真正的人才吸引到自己的身边，甚至连他们身边的秘书，都无法做长久。等到云开雾散，露出真容后，这类政治家甚至连原有的大众人气也会消失殆尽。作为这种政治领导者的一个典型，我可以举出前东京都知事美浓部亮吉（1904—1984，日本的经济学者，政治家。1967—1979 年期间一直担任日本东京都知事。——译者注）。

三笠山式领导者，远处看并没有什么显眼的地方，越走近越容易令人产生愉悦的感觉，让人愿意在这样的山坡上歇息，放松。自 20 世纪 80 年代以来，日本自民党选出的众多领导者大多属于三笠山式的领导人。这些领导者大都非常平易近人，工作也是勤勤恳恳、任劳任怨，也能够体贴他人。他们主导的政治大多充满了宽容和温和的色彩。

这类领导人的推选，基本上都是依靠暗箱操作。他们得到的支持不是来自于与他们保持遥远距离的社会大众，而只是身边的数百人而已。也就是说，只有那些亲自在三笠山坡的草地上歇息放松的人才能真正体会到三笠山的美丽。战后日本正是由这两类的领导者轮番登场主导的。

二战后的日本，没能出现可以超越这两种类型、足以留名青史的杰出领导者吗？即便是池田勇人首相（1899—1965，日本政治家，1960—1964年期间担任日本首相。——译者注），他所得到肯定，也仅仅是通过制定"收入倍增"计划促进了大规模生产工业社会的形成。他所起的作用也不过是一个说明者，利用数表将日本的国家战略理念表现了出来而已。

日本社会的这种基本状况，使得产生的领导者基本都是以三笠山式为主。日本的国家、社会，以及战后社会的特征使三笠山式的领导者不断增加，而理想的领导者其实应同时兼有富士山的宏伟与三笠山的可亲，在日本的现代领导者中我们却完全找不到这样的身影。

远看高洁伟大的人走近了仔细观察，往往会发现他们身上有着任性和自私的一面。也正因为这样，他们才能在日本社会中成为光辉夺目的存在。与之相反，那些走近让人如沐春风的领导者，能够遵信守约，充满爱心，热情周到。但是这些人格特征，使其无法具备绘制宏伟理想所必需的精神与智慧。

战后型理念的解体

当前日本面临的最大问题就是战后型理念的解体。在1990年之后，日本经济的快速成长时代宣告终结，以大规模生产为核心的日本经济理念彻底失去了意义，世界文明的潮流也正从大规模生产为特征的工业社会向多元化的知识经济社会转变。由于冷战格局的解体，日本想要在继续维持由政府主导、产业界相互协调合作的体制的同时，又与秉持自由主义市场经济的美国保持合作关系的做法变得日趋困难。

我书中另一个重要的论点就是，从工业社会走向终结的20世纪80年代开始，国家这种存在开始急速弱化。在20世纪的工业化社会中，国家保持着强势地位，对全体国民而言，国家就是一种极具威严和震慑力的存在。国家甚至可以强制性地让自己的国民面临死亡的威胁（被征召上战场）。托马斯·霍布斯（Thomas Hobbes，1588—1679，英国政治家、哲学家。——译者注）曾经在他的著作《利维坦》中写道："国家即便再强大也不应该强大到能够命令自己的国民去面临死亡危险的地步。"然而，20 世纪的国家体制却恰恰是这样，在 20 世纪 60 年代到 70 年代的工业社会的顶峰期，全世界范围内没有任何一个地方没有国家的存在。

然而眼下，国家政权的弱化进程却在急速推进，在某些落后地区，甚至根本就不存在一个稳定的国家政权。从非洲南部一直到阿富汗的广阔地域，有很多地区虽然存在着武装势力，但是却没有能够称得上是国家政权的、具备法制机能的组织体系。这是我们这个时代的一个重大变化，而并非这些地区的独特问题。

另外一个问题就是信息媒体的显著变化。领导者需要与信息媒体保持紧密联系。保罗·肯尼迪曾经指出，希特勒通过发动群众获得了在德国的统治地位，而罗斯福则是通过广播宣传实现了政治上的成功。由于领导者的特殊定位，因此不管在任何时代都必须拥有能传递自身理念的信息媒体。而现在的信息媒体界已经发生了革命性的变化，从以前的文字和话语信息转变成了现代的"综合媒体"。

最近以来，年轻人中开始流行简短的象征性语言，其中一个特点就是不再用正确的传统方式来表示数字，这就与20世纪的工业社会完全不同。必须确保数字的正确，是古代或者近代社会的特征，原始社会或中世纪的社会里找不到这样的特征。

在这样一个综合媒体的背景下，信息作为一种气氛向外传播，自然也就需要与20世纪截然不同的领导者。不管什么样的社会，为大众指出方向是领导者的职责，然而在战后四十年间，日本却形成了在理念清晰的前提下选拔领导者的习惯和体制。没有形成一种有效的机制，使那些能够根据社会大众的要求进行理念创新的人才被选拔出来，这也是当前日本遭受各种挫折磨难的根源所在。

截至1998年，日本基本上没有实施任何改革措施。口头呼吁要放宽管制、推动行政改革，行动上却依然继续着大规模生产模式的社会形式。1998年4月，日本政府对19家主要金融机构注入1万8千亿日元公共资金时，完全是根据各家金融机构的规模按比例发放的，由此就能看出其中的弊端。日本真正开始打算推动社会改革、经济改革以及行政改革是 1998 年 8 月的事情。即便如此，对领导者的选举方式却依然没有触及。

价值流动化的社会

在今后的知识经济社会中，究竟如何来选拔领导者呢？这是一个非常复杂的问题。知识经济社会，智慧的价值发生了飞跃性增长，价值本身也充满了极端化的变数，具有短暂性的特征。不单是智慧的价格，甚至智慧的价值也在不断变化中，这可以说是智慧价值的一大特色。

在大规模生产时代，日本式的、花费漫长时间来寻求各方统一意见的决策方式尚且能够行得通。在一个组织中，各种各样的因素由下至上不断累积，做出最终决定时，组织内部的所有成员都已经对下一步的目标了如指掌。这种状况下，即便决策过程需要耗费时间，但仍能确保具体实施时的顺利。知识经济社会里，太多的事情需要立刻做出决定，新技术、设计、流行趋势、金融、信息系统等日新月异，决策必须跟上变化的步伐。而以往那种由下至上型的决策模式则需要花费过多的时间。

在二战后的日本社会里，不管是政府机构还是普通企业，所有组织都已经共同体化，这使得在一个组织里，让所有成员都感到满意比实现组织目标更重要。组织内部成员的团结对有效进行大规模生产确实能起到实际作用。但是，为了某种目的而形成的机能组织（法理社会）却最终变成了所属员工和管理者的共同体（礼俗社会），这就延伸出了公司主义和集团主义，形成了一个"职缘社会"（社会成员基于各自所在职场的关系形成团体。——译者注）。对于大规模生产时代而言，这是一种极其有利的转变。

进入多样化的知识经济时代后，由上至下的迅速决策变得势在必行，三笠山式的领导者已经明显落伍于时代。在这样一个时代，在一个组织内部，让所有成员都从基层开始慢慢积累经验，并根据周围人长期注视考察的结果，最终推选出让所有人都满意的领导人的做法已经无法满足时代的要求。今后社会需要的是符合知识经济社会要求，能在剧烈变化状况下迅速做出决策的领导者。

未来领导者的素质

那么，今后作为领导者的必备素质主要有哪些？

第一是领导者个人的超凡魅力。这种特质究竟是有益还是有害不可一概而论。在 20 世纪登场的众多超凡魅力型的领导人，大都能够宣扬伟大理想并赢得了民众的狂热支持，但是这一类领导者却往往都以失败告终。

古巴的领导者卡斯特罗，在 20 世纪 60 年代曾是一颗光辉夺目的政治明星，然而古巴现今的实际状况却根本无法满足人们当初的期待。当年那些狂热支持卡斯特罗的日本年轻人如今都已经进入耄耋之年，我相信他们对古巴的现实都会感到失望。今后在探讨领导者的超凡魅力特性时，需要充分注意到当年理想主义时代的弊端。

第二是理念诉诸的能力。现在这样一个从大规模生产模式的工业社会向知识生产社会转变的混沌时代，领导者是否能够明确理念并向大众诉说成了一个非常重要的能力。令人遗憾的是，当今政坛却难以寻到具备这种能力的人，现在的政治家要么本身没有任何理念，要么缺乏将自身理念有效地向外进行诉说的能力，或者由于某些原因不愿意去诉说。总之，当今政坛无外乎这三种情况。

第三是要具备先见性思想。在变化激荡的当今世界，具备先见性思想的领导者尤其不可或缺。然而要想具备思想先见性却又是一件非常困难的事情，越是领导者越难具备这种能力。这是因为领导者获得的信息基本上都是公文化的，不再是事先预测性的信息，而是事后说明型的信息。

例如，我在担任日本经济企划厅长官的时候，送交到我桌面上的经济指标基本上都会有三个月的滞后，这些指标都是按工业社会的标准制定出来的。这种状况下，要想做到思想先见性就必须注意收集那些非常规的、没有受到正式认可的信息。这些信息具有样本数量过少、稳定性不高、缺少可持续性的特点。

在我担任经济企划厅长官的九个季度间，我对经济形势的预测从未失手过，能够做到这一点是我有效地利用了各种各样的相关信息的缘故。例如，我在预测机械设备订单量的时候就利用了"机械设备预估申请量"这个统计数字，而这个统计数字在正式的统计数据中是不会出现的。此外，我在预测建筑开工数量时参考了建筑设计委托数量数据。在日本全国范围内仅能找到2%左右的相关数据，因此这个数据难以作为正式数据得到采用。我在任职期间耗费了大量精力收集这些数据以确保经济预测的正确性。

第四是气概与决心，也就是所谓的勇气。我认为这是领导者最重要的一项素质。震后日本完全抛弃了武士精神，武士文化丧失殆尽，正是这个原因我才坚信，今后百年间军国主义是根本不可能在日本复活的。武士的美德、气概以及决心也随之散尽。当今日本，胆怯反而被认作是谨慎沉稳。

政治领袖选举时，气概和决心不再被认为是必备的重要素质。应对近年来的日本经济萧条危机，最重要的当属总理大臣的气概与决心，我认为 1998 年至 1999 年期间，获得了良好的成效，却没有得到整个社会的认可。

第五是面对问题，也不会惊慌失措的"特氟龙"性。"特氟龙"性是评价美国前总统里根时用过的一个说法。即便是身处伊朗门事件那样的危机时，里根总统也没有遭到多少外界的非难，他被形容是特氟龙平底锅那样不会焦躁的总统。我们现在需要的正是像里根总统这样的政治家，不具备他那种特性的话，就有可能常常为细小事情而感到恐惧，无法确保自身的气概与决心，最终只能做出一些含糊的决定。

第六是健康。日本历史上的领导者最具个性的当属织田信长，他在被害于本能寺之前一直都拥有健康的体魄。织田信长毕生都保持着极大的工作强度，几乎没有生过任何病，对领导者而言，健康的身体也是一个极其重要的素质。

要想保持身体健康，一个极其重要的先决条件就是对领导者这份工作要具备热情。如果喜欢领导者这份工作，那么不管如何忙碌都不会感到辛劳，都能够保持健康。

发挥利益协调者的作用

作为一名领导者，发挥作用协调各方面利益，也是一项重要职责。随着社会各阶层利益的不断分化，这项任务变得越来越难了，完全沉入各种利益关系协调工作中的领导者又不适合这样一个变革时代。我相信在具备一定方向性的前提下，今后社会发展一定需要确立一套机制来协调由自由竞争导致的利益矛盾。

福利经济学的创始人，阿瑟·塞西尔·庇古（Arthur Cecil Pigou，1877—1959，英国著名经济学家，剑桥学派的主要代表之一。——译者注）是一位非常重视利益协调的学者。他认为不管是货币还是收入都适用于效应递减法则。也就是说，穷人手中的一块钱要比富人手中的一块钱拥有更高的价值。因此，如果通过税收从富人手中征收一块钱然后转移给穷人，就可以把同样的一块钱转移到能够发挥更大效应的人的手中。基于这种认识，他提出了提升社会整体福利的理论。与庇古理论相对的是尼古拉斯·卡尔多

（Nicholas Kaldor，1908—1986，英国当代著名经济学家，新剑桥学派的主要代表人物之一。——译者注）的理论。他的理论是：任何人只要是在不损害他人利益的情况下获得更多的收入，就意味着社会整体福利的提升。具体言之就是能者多得，不能者任其自然，而受到损害的人给予补偿就行了。通过这种方式，可以将整体经济蛋糕做大。

庇古的理念在日本社会获得了极大的共鸣，甚至更极端。有理论认为，一个人多占了一块钱，而其他人没有任何改变的话，其他人会因对多得者的嫉妒而变得不幸福。这就是"纵向性平等论"，即如果他人获利而自身没有任何改变，那么自己相对而言就变得不利了。

事实上，平等可分为机会平等和结果平等两种，结果平等又可以进一步细分为横向平等与纵向平等。在某一个时点上，如何让社会全体成员在收入、法律地位、人权等领域的差距尽量缩小属于横向平等。而纵向平等就是二十年前相对平等的事物在二十年后依然保持相对平等的话，即为平等的理念。日本传统型的社会认识更倾向于纵向平等。

在江户时代，曾经有学者主张"不患贫而患不均"，也就是说，如果大家都同样贫穷，就没有什么好担心的。只

有不平等的社会才会出现问题。当时的日本社会既有上层
贵族也有底层武士；既存在着武士阶层又存在着农民阶层。
如果一个人二十年前是底层武士现在依然是底层武士，没
有任何改变，那么不会有任何人对此不满，先决条件是二
十年前的农民现在还是农民。这也正是德川家康当年所要
建立的封建秩序。这种传统所延伸出的纵向性平等论最终
成为日本社会的巨大枷锁。

因此，日本领导者在进行利益协调时，必须先对日本
的这种社会传统抱有清楚的认识。

危机管理能力

此外，今后领导者所必备的另一种能力就是危机管理
能力。这种能力同样极具挑战性。如果不考虑事情的具体
严重程度而都一律判断为危机，且不论何种危机都要最高
领导人亲自出马的话，那么最高领导人必然躲不过“短命”
的下场，日本正是不论任何事情都必须有劳总理大臣或阁
僚亲自出面。

日本的法律规定必须尊重国会，因此在国会会期时，
内阁成员只在星期六和星期天才有空参加国际会议。据说

曾有一位内阁大臣不得不绕到洛杉矶前往欧洲出席会议，之所以要绕这么远的路是因为国会结束后已经没有直飞欧洲的航班的缘故。等到星期一他回到成田机场后，又必须立即前往国会露面，甚至中途回家换衣服也有可能遭到议员们的斥责。总之，一旦成为内阁成员，在和国会打交道时就必须时刻保持小心谨慎。

还有就是"围堵式采访制度"。现的日本，加入记者俱乐部的新闻记者们可以不分时间、地点、场合对领导者进行围追式采访，领导者刚一走出房间，马上就会被新闻记者团团围住。由于领导者在这种场合的具体应对方式会影响自己的民意支持度，因此他们就不得不在每次走出房间前都振作精神，做好准备，一直到坐上汽车前都得忍气吞声，小心回答记者的各种质疑。此外，日本的领导者们还必须出席各种各样的仪式，到各种场合去抛头露面。

这就使得日本的领导者总是异常繁忙，因此也就有必要认真界定好危机管理的范围。明确区分危机性事故与非危机性事故之间的差别同样至关重要。

提高政治的身价

为了让日本能够产生具备上述素质的优秀领导者，就必须提高政治的身价。由于现在严格的政治资金监管制度，使得日本的政治身价低迷，这就导致了 20 世纪 90 年代那种财力甚微的人对日本政治产生巨大影响力的事件的频频发生。

这种状况持续下去的话，日本政界将无法吸引到优秀人才的加入。只要看一下体育界便一目了然：高身价的体育项目总是能够产生耀眼的明星，吸引大量的体育人才；身价不高的体育项目却总是无法吸引到需要的人才。因此，要想推动日本政治发展，首先必须提高日本政治的身价。

企图摧毁民主主义制度的人总爱在金钱问题上做文章。从古希腊罗马时代开始这就是一个惯用手法。凡是有名望的领导人基本上都曾因金钱问题而名誉遭到毁损。日本也不例外，昭和时代初期的官僚和军人为了破坏当时的民主主义制度，就以金钱问题为切入点，制造了后来的帝人冤狱事件（1934 年由日本具有法西斯主义倾向的政治家幕后主导的一起针对当时斋藤实内阁的冤案。——译者注）。昭和十年（1935 年），日本出台了限制政治资金的法律，直接导致了二战前日本议会民主主义制度的消亡。现在，我们必须对此进行充分的反省。

从"职缘社会"走向"知缘社会"

当前日本政治正陷入危机状态，这场危机已经远远超越了人才、组织、政党这些因素，起因就是前面所提到的战后理念的崩溃。因此，全体社会大众都必须拥有共同创造新理念的迫切感，这不仅是某个政党或政治家的问题，而是一种面向 21 世纪知识经济社会的全新理念。为此，我们现在就需要领导者发挥领导力，为这种领导力提供支持。

二战之后，由于大规模生产模式的演进，使得日本的地域社会和血缘社会分崩离析，最终只剩下了"职缘社会"。也就是说，社会成员人际关系是基于各自所在职场的关系形成的社会团体，不管是谁，只对自己所处的职场怀有归属感并保持忠诚心，对自己职场和职业以外的事物毫不关心。现在，这样一个"职缘社会"也处于行将崩溃的边缘。日本的终身雇用制度已经名存实亡，人员雇用的流动性、暂时性日趋强烈。不管从何种意义上看，新的人际关系正在形成之中。

然而，日本却依然在按照"职缘社会"的习惯选举领导者。我比较熟悉政界的情况，非常清楚日本政治家之间都怀有同僚意识。不管是执政党还是在野党，最终大家都是一个职场的伙伴，那些在国会进行激烈辩论的议员们在辩论结束后，私下却是彼此关系融洽的同僚，这就是不择不扣的"职缘社会"。只要这种状况继续存在，日本就很难出现杰出的领导者。

这种情形同样存在于日本企业中。日本企业作为一个共同体，其领导者往往都是能够让所有人感到满意的人，而并非是能够提高组织机能的人。今后的日本企业应该将提高组织机能作为自身的目标，为此就需要在组织内部展开竞争，废除论资排辈和暗箱操作的传统。然而，不管是日本的企业还是政府机构都已经被共同体化，组成了一个"职缘社会"，因此，一个人如果不能够获得内部成员认可的话，就无法脱颖而出，成为组织的领导者。这种现象不仅限于根据政治家当选议员次数而被赋予相应职位的政界，同时也是整个"职缘社会"的共同特性。

从现在开始，我们必须超越职场关系，建立崭新的知识经济社会，这是一个以知识的价值与喜好为纽带的新型社会。对日本而言，这是一项非常艰巨的工作，对全人类而言也是一个重要挑战。我们现在正面临着创建这样一个新世界的艰巨任务，我认为我们应该满怀喜悦地投身到这项工作中去。

领导力与民粹主义

大前研一

领导力并非任何时候都不可或缺

在前后大约三十年的时间里，我作为一名顾问见证了众多大企业的成长历程。我体会到的一点就是，领导力并非任何时候都不可或缺。根据实际情况的不同，企业所需要的领导力类型也会随之改变，一般业务拓展，不一定需要强有力的领导力。

什么时候才需要领导力呢？我认为具体可以分为两种情况。一种是在需要转换方向的时候。此时，领导者是否能够进行自我否定就显得极为重要。在需要进行方向转换时，那些不能进行自我否定的人则无法成为一名合格的领导者，而且容易将企业带向错误的方向。所谓自我否定，就是能够意识到"现实存在着严重的问题，我们必须立刻加以改变"，并且还要让自己的下属也能认识到这一点。

自从杰克·韦尔奇于1982年接任通用电气（GE）董事长以来一直到今天，通用电气的股市总额已经增长了40倍。杰克·韦尔奇最重要的一个特点就是敢于自我否定，因此他才能使通用电气现在不仅生产制造飞机喷气式引擎、工程和塑料，同时还拥有通用电气资本公司（GECC）这样的金融公司和美国全国广播公司（NBC）这样的媒体。今天的通用公司，早已不是创办者托马斯·爱迪生当年创建的那家电子设备企业。通用电气，极其难得的一点是，它从一家综合性电子设备（General Electric）企业变身为并非只是电子设备的综合性（General Not Electric）企业。

稻盛和夫先生创办的京瓷集团也是一样，早已不再局限于京都地区和陶瓷领域，已经成长为一家并非只是陶瓷（General Not Ceramic）的企业，并创造出如今的辉煌业绩。综观这些实例，让我们认识到自我否定型领导者的重要作用。自我否定型领导者能及时意识到"拘泥现状必将走投无路，必须杀出血路，实现重生"，并以浅显易懂的方式将这种意识传达给自己周围的所有人。

然而，领导者如果仅能做到自我否定的话，等待他的将是苏联的戈尔巴乔夫总统那样的命运。戈尔巴乔夫针对苏联进行了自我否定，试图通过政治改革和信息政策来实现整个苏联的改头换面，结果却以彻底失败告终。戈尔巴乔夫基于对苏联现状的忧虑才开始推动苏联的改革进程，由于他对苏联究竟应该成为怎样一个国家缺乏明确的理念，结果导致了整个国家的解体。也就是说，仅仅自我否定是远远不够的，就算能够否定掉错误的部分，也不一定能推陈出新。

所以，领导者还必须具备有助于创造新事物的"构想力"。当今世界是由网络空间、无国界社会以及倍率经济构成的，传统的凯恩斯经济学理论在当今世界已捉襟见肘。2000 年我出版了《看不见的新大陆》一书。我在这本书中指出：我们现在正生活在一个"看不见"的空间里。现代领导者需要在这个崭新的世界中确立要从事怎样的事业、构建怎样的国家和地区的构想。对于当今领导者而言，必须具备在看不见的空间里进行创新的能力。

同时，领导者还须将自己的这种构想转化成所有人都理解的愿景。在我的定义中，愿景是比构想"低一个层次"的概念。构想是在看不见的空间中产生的，有的时候也就难以向他人进行说明，只有把构想转化为愿景，才能变得浅显易懂。然后，再按部就班地展开业务策划、人员筹备、资金配备等战略规划并具体加以实施。

进行方向转换时，领导者的自我否定至关重要，不能指望来自他人的否定。从这种意义上讲，指望眼下那些身处日本政治体系内的人去建立一个新的国家体制无异于缘木求鱼。

需依靠领导力发挥作用的另外一个场合就是需要提高效率的时候。这种情况往往都需要权力的集中，只有权力集中才能够让效率得到显著的提升，如果权力过于分散，工作就很难得到有效推进。意见和权力不一致，会使组织的方向飘移不定，从而无法确保整体朝着正确的方向前进。

然而，一项工作的具体实施又有必要对权力进行分散。一般情况下，权力的集中与具体实施部门的集中容易相伴相生，这会导致个体创造力和主动性的丧失。

当今日本社会之所以被认为缺少合格的领导者，是因为当年那个"凡事只管往前冲"的日本经济高速发展时期成长起来的一代人现在在各个领域里位居高位的缘故。对他们而言，基本上不需要去做任何决策，只需遵循"精益求精"的原则，及时并尽快地效仿欧美即可。也正是因为这样，即便撞到南墙，他们也不会想到要去改变方向。总之，现在需要能够在权力集中的同时，又有气量将具体实施工作分散到不同部门，并基于自身洞察力来调整前进方向的领导者。

人类（日本人）集团的独特性

回顾人类历史，自亚历山大大帝开始，人类集团就显现出了一定的独特性，日本人表现得尤为明显。领导者如果无法理解日本人的独特性，就难以诱发变化。日本人最显著的特征是：只有给他们指定了明确方向后，他们才能够得心应手地迈步向前。对于日本人而言，让他们在一张白纸上大胆描绘出各种图画是一件极其困难的事情。但若有人能先勾勒出轮廓，日本人就能够驾轻就熟地在轮廓内正确地涂抹上各种绚烂的色彩。

日本人另外一个特征是，方向一旦决定就很难再进行任何改变。即便是德川家康那样的伟大人物大概也不会想到，他所开创的江户时代仅仅延续了二百七十年。即便如此，却没有任何人愿意去推动变革。江户幕府延续到第十三代将军时就已经开始出现了动摇，到第十四代将军时更是问题深重，到了第十五代将军时江户幕府就此退出了历史舞台。

　　当时江户幕府的领导者无法主动进行方向性的转换。幕府的井伊"大老"（井伊直弼，1815—1860，日本的近江彦根藩主、江户幕府末期的大老。"大老"，江户幕府时代辅佐将军的最高官员，统辖幕府的所有事务。——译者注）是一位杰出的政治家，他为日本后来的发展发掘出几乎所有的人才。不管是推动明治维新的仁人，还是活跃在明治时代的志士，我所崇敬的那个时期的日本历史人物有很多都是井伊大老最早启用的。然而，井伊大老本人却无法站出来推动这场变革，而是以安政大狱①以及之后的樱田门外之变②这样的暴行开启了一个新的时代。井伊大老拥有出类拔萃的下属，也完全了解需要做的一切事情，但他最终却未能做出正确的决断，无法修正自身的轨道，一门心思走

　　① 　安政大狱是日本安政五年（1858 年）到翌年发生的政治事件。在日本面对西方国家压力与幕府继承人争论之际，井伊直弼就职于德川幕府的大老，与老中间部诠胜等人在未得天皇敕许的情况下签订了《日本国美利坚合众国修好通商条约》等条约，并私自决定让德川家茂继承幕府将军的职务。引起了朝野人士和天皇的不满。孝明天皇给地方藩主发出了要铲除井伊直弼的密敕（《戊午密敕》）。安政大狱的目的是铲除响应密敕者，清除对井伊执攻不满的人。牵连者达到 100 人以上。

　　② 　樱田门外之变是发生于日本安政七年（1860 年）3 月 3 日的一起政治暗杀事件，不满井伊大佬的水户藩激进浪士于江户城樱田门外突袭准备进城的井伊大老的队伍，井伊大老当场毙命。

到黑，这是日本人这个集团整体的悲哀。直到第二次世界大战，遭到原子弹轰炸后，才给日本人的这种倾向刹了一下车，这也显现出了日本人所欠缺的"集团智慧"。

此外，日本人还显现出无法通过自身力量来收拾混乱局面的特征。日本的战国时代是各方军阀试图通过相互厮杀统一全日本的时代。织田信长试图要统一日本，不幸的是他却遭到了暗杀，没有机会建立起一个安定的国家。之后便是丰臣秀吉的时代，最后又出现了德川家康，他们都没能亲自平息当时的混乱局面。这与戈尔巴乔夫和叶利钦有着共同之处，因此不能说这是日本人独有的特征，但是日本人在这一点上却尤为突出。

正是因为这种状况，历史上，每当日本要进行方向转换时，就需要借助外国人的力量。大化革新时，发生过归化人（*日本古代对从中国或朝鲜半岛移民到日本的人及其后代的总称。——译者注*）冲击。在江户幕府末期，有过佩里的影响（*1853 年，美国海军少将马希·佩里率领的舰队不理日本的禁令驶入了浦贺湾，迫使日本幕府政府向外开放了国门。——译者注*），江户幕府后来又巧妙借助汤森·哈里斯（*Townsend Harris，1804—1878，美国首任驻日公使。在他任公使期间，与日本德川幕府签订《安政条约》*

及《日本国美利坚合众国修好通商条约》，开启了日本近代对外的贸易及文化。——译者注）来表达自身的见解和意愿。然后就是麦克阿瑟了。麦克阿瑟制定的占领政策在日本进行方向转换时起到了连他本人都感到意外的效果。麦克阿瑟的政策在其他国家都没有产生过如此显著的影响，因此我认为麦克阿瑟政策对日本所产生的影响是一件值得大书特书的事情。

外界介入推动变化虽不是日本人的专利，但是日本民族的一个主要特征就是，外国人往往只起到触发进行根本性方向转换的扳机的作用，接下来则完全是由日本人自身来操纵整个方向和转换进程的具体实施。

当前日本社会的"集体被奸"心态

今天的日本，犹如陷入了"集体被奸"的状态。因为这个术语并不是一个好听的词，因此在使用上必须予以注意。例如在科索沃地区发生的阿尔巴尼亚族人遭到集体强奸的案例。心理学家对此进行了研究，当时遭到集体强奸的阿尔巴尼亚族妇女被禁闭在房间中，遭受了极其恶劣的性侮辱，当受害者长期处于"一旦逃跑就要被击毙"的状态中时，就会慢慢地放弃抵抗，逐渐接受自己所遭受的残酷对待。这就像日本新潟县三条市发生的小学女生诱拐事件（1990 年 11 月，日本新潟县三条市一位年仅 10 岁的小学女生放学途中被一名男子绑架并监禁在自己家中长达 9 年零两个月。——译者注）一样，令人匪夷所思的是那名受害者为何不试图逃跑呢？那名受害者所处的状况实际上与受到集体强奸的阿尔巴尼亚族妇女完全相同。

这些受害者在最初的时间里心中都充满了悲痛和愤恨，渐渐地她们习惯了自身的遭遇，开始停止思考，选择接受现实。最终她们不再试图逃跑，不再拥有任何厌恶愤怒的心理，获得解救后，也不愿意回想这一切。心理学将这种现象称之为"集体被奸"。事实上，日本社会现在也正陷入这种状态之中。

面对当前这样一种极其恶劣的状态，日本大众却毫无愤懑之意。可是就在五年前，日本民众还曾经因为政府处理"住专问题"耗费了 6850 亿日元资金而怒火万丈呢。同样是这些民众，在得知 60 万亿日元不良债务消息后表现出的却是淡漠。1992 年我就曾经说过，由于持有 200 万亿日元的不良债务，日本将会有 100 家银行因之倒闭。可是后来却被人说成，这些银行是"因为大前先生的言论才倒闭的"。日本这个民族总是喜欢把责任全归结到别人头上。

根据日本政府的说法，目前已经处理完毕 100 万亿日元的不良债务，还有 60 万亿日元的不良债务尚待处理，但实际数额远不止 60 万亿，而是 100 万亿日元。然而，对此却没有任何人站出来表示诧异。日本民众原本应该对此表示愤慨："我们大家已经连续五年忍受了低达 0.3% 的利率，银行方面什么也不干，应该让这些银行全部倒闭！"但是官方对于民众的这种愤慨会表示，"这种做法只会让日本引发一场世界性的经济萧条"，于是民众也就只能选择接受官方的说辞，开始做出让步。长期以来，民众一直被告知经济硬着陆会造成大量失业，给社会带来严重影响，于是所有人就只能期待着实现经济的软着陆。

当民众听到要实行"不间断的经济刺激政策"的说法时，自然会予以支持。经济刺激政策现在已经成了民众心理的吗啡，大家都害怕一旦停止经济刺激政策就会造成失业率的上升，最终将波及自身利益，因此他们才会纵容政府肆意花钱的行为，将恶果全部留给子孙后代。正是这种理念造就了民众心中认为现在日本政府所背负的 60 万亿日元的毫无意义的债务，即便是留给后代也无所谓的思维。

这正是一种不折不扣的"集体被奸"心态，大家都不再有任何愤怒的情绪，完全陷入了虚脱的状态。当年因为实行消费税，日本国民几乎把整个国家闹翻天；那时的新进党为了住专的6850亿日元政府注资，更是在国会地板上静坐示威。可是现在，大家不管听到任何事情都不再感到惊讶，对于KSD事件（是指日本的财团法人中小企业经营者福利事业团，现为"中小企业灾害补偿福利财团"的创立者古关忠男向多名自由民主党议员提供非法政治献金以获取利益的腐败丑闻事件。——译者注）所涉及的300亿日元，都是一副"只不过300亿日元"的有气无力的反应。

日本这种得不到外援的话就无法进行改变的状态与当年的英国有着相似之处。二战结束后，英国一直处于萎靡不振的状态之中。20世纪70年代我曾经亲赴英国，针对各种问题进行了全面探讨，可是当时英国方面的反应完全就是一副"英国已经彻底完蛋"的样子。

当年发现北海油田时，恰逢第一次石油危机爆发，英国人甚至打算加入欧佩克组织。也就是说，曾经世界首屈一指的发达国家——英国，除了与其他产油国一道，通过限制石油供应，提升油价支撑自身经济以外，就再也没有其他重生的道路了。当那些白发苍苍的英国绅士一本正经地谈论着这些观点时，不由地让人感到了英国严重的虚弱。

正是在这种状况下，一位女性突然站了出来，掀起了撒切尔革命。当撒切尔夫人遭到守旧派的强烈攻击，陷入四面楚歌，即将辞职的时候，爆发了与阿根廷的福克兰群岛（阿根廷称之为马尔维纳斯群岛。——译者注）战争。撒切尔夫人向福克兰群岛派遣了包括安德鲁王子在内的海军机动部队予以反击，她的做法让大家认识到"这是一个比男人更加坚强的女性"，才终于开始信服于她，让撒切尔革命得以成功。

美国也有过相似的历史。当年日本企业收购了哥伦比亚电影公司和洛克菲勒中心时，美国的《新闻周刊》和《时代周刊》都宣称"21 世纪将是日本的时代"。从卡特总统一直到里根总统执政时期，整个美国社会都弥漫着这种悲观情绪。我现在依然清楚地记得这种悲观论甚嚣尘上时，美国出现的一场极其悲观的讨论。那场讨论充斥着近似于闭关锁国思想的理念。讨论中甚至有观点认为，懒惰的美国人无法在竞争中战胜勤勉的日本人，美国应该终止两国之间的商业贸易。所以，"虚弱症"并非是日本独有的特征，在当前的状况下，我们更有必要对此予以正确的理解。

将民粹主义与领导力混同的危险性

当前，日本要想实现繁荣就必须融入到国际社会中，要能够从世界范围内吸引人才、资金以及企业。当今世界，以美国为首的、所有实现了经济繁荣的国家和地区都与世界融为一体了，没有任何国家和地区能够仅靠一己之力就确保繁荣。

然而，日本却依然维持着中央集权的体制，没有确立让自身实现繁荣的构造。通过 2001 年的机构改革，日本中央政府的省厅部门日趋庞大，反应也更加迟钝，而地方政府的体制则完全没有进行改变。按照我的观点，日本现有的 47 个都道府县的地方行政框架根本就不合常理，无法形成一个具有活力的组织体制。因此，日本有必要在地方行政区划体制中引入道州制，以 500 万人口和 1000 万人口为单位，建立相应的地方行政区划，以便能够与世界经济直接接轨。归根结底，当前日本的问题就是管理和组织机构的问题，明明只有向世界敞开大门唯一一条繁荣之路，可是日本却把"寅吃卯粮、花光子孙财富"作为当前的应急办法。

　　这种状况下，一旦出现了"自闭式"的、持"对外排斥"态度的民粹主义思潮，就必然会有人跳出来兴风作浪。萨达姆·侯赛因正是这样的人物，南斯拉夫的米洛舍维奇也同样可以算作是这样一个例子。一个社会里因为"虚弱症"而失去力量的社会大众一旦受到这样的民粹主义的煽动，往往就会立刻变得兴奋起来。例如，夏威夷附近海面上发生了核潜艇撞沉日本船只事件，日本民众突然表示出亢奋的激烈态度，叫嚣"美国人真是无法无天，杀害了我们9位同胞，他们必须谢罪"。

　　1998年，在意大利发生了美国空军战机撞断缆车钢缆，造成20人死亡的事故，但是意大利民众却没有因此而出现过度的反应。夏威夷海面的事故发生后，日本民众的反应给人的感觉就像是把针对森喜朗首相的愤懑全部转嫁到了美国人头上。该事件原本是一个强化日美关系的良机，可现实却走向了完全相反的方向。

　　最近在东京举办的日美领导者会议上，几位被认为是日本首相候选人的政治家也出席了会议，我希望他们能够向日本国民公开展示前面所讲的自我否定、构想、愿景、规划等领导者的必备素质，证明自己是一名绝不会煽动民众或利用民粹主义的真正的领导者。如果不是这样的话，今天的日本就有可能像当年被希特勒领上纳粹主义的道路的德国那样危险。日本政治当前的危险性也正在于此。由于国民整体陷入虚弱状态，心中更加强烈地渴求能够出现真正领导者。而那些借机虚张声势，迎合大众心理的民粹主义者一旦利用社会大众的这种心理抛头露面的话，很可能就会立刻得势。

美国同样缺乏领导力

美国也同样缺乏领导力。美国是一个永远都受全世界瞩目的国家。它拥有强大的军力和众多聪明善辩的人才。全世界的著名大学中一半以上都在美国，乍一看似乎具有很强的领导力，但是，美国却同样面临着民粹主义的危险。

我将美国的领导模式称为"压制性领导力"，或者"霸权主义领导力"。如美国原本应该降低自身利息，但却把责任强加于人，硬要日本实行零利率。处理与缅甸和中国等国家关系问题时，美国也以人权问题为幌子，对他国内政进行干涉。

今后如果欧盟各国能够团结一致，使得欧盟与美国之间爆发一场"大西洋战争"的话，美国民众必然会将个人资产分散到国外。对美国而言，这将会是一件极其危险的事情，一旦聚集在美国的资金开始外逃，美国政府势必采取更加严厉的压制性领导方式。

现在的美国政治家确实存在着对美国国内的民粹主义推波助澜的倾向，就像"CNN 式世界观"显示的，电视记者的采访角度往往能够改变美国政治家的态度。

2000 年美国总统大选期间，在人气电视节目《麦克尼尔和莱尔新闻小时》（MacNeil/Lehrer News Hour）中，电视主持人问两位总统候选人："美国在怎样的情况下会对他国采取军事行动？"小布什的回答是"在与我们的价值观相违背的情况下"，戈尔的回答是"当美国的国家利益受到侵害的时候"。我们这个世界除了美国之外，还有 189 个国家（**中国承认有 193 个。——译者注**），他们的回答实在是令人无言以对。

令人遗憾的是，这两位美国总统候选人都显示出了世界领袖所不应存在的缺陷。仅仅为了维护自身价值观和国家利益，就对他国实施军事行动的做法，绝对不是正确的选择。内向型的民粹主义者是没有资格成为世界领袖的，一国不能因为自身利益受到损害便去攻打他国。对这样一个飞扬跋扈的美国，日本却必须遵照《日美防卫合作指针》

的规定，老老实实地向其提供后方支援，这自然会导致舆论对日本是否是一个真正的独立国家产生激烈的争论。

并不存在什么"世界领袖"

这个世界其实并没有什么世界领袖，根本就没有人在乎全世界的整体利益。安南秘书长或许在为联合国的利益着想，并不意味着他在考虑全世界的利益。对安南秘书长而言，只要能提升联合国的影响力就足够了。

联合国只是徒有其名，实际上连国家的定义都没有明确界定下来。如果问"国家到底是什么"，对方的回答是"I don't know"。问"南斯拉夫究竟有几个国家"，没人能够给出具体的答案。苏联最终分裂成几个国家也同样没人能搞清楚。

欧洲未来有可能成为一个整体，甚至有可能把俄罗斯包括进来，形成一个大欧洲。如此一来便能够组成一个足以与美国抗衡的新轴心。

这种状况下，如果英国拒绝欧元，就有可能进一步发展成英美与欧洲之间一场极其丑恶的对决。我们可以拭目以待，在今后两年间，究竟是多佛海峡的宽度将会超过大西洋（英美两国进一步接近），还是多佛海峡的鸿沟能够得到填埋（英国加入欧洲）。这将是非常重要的两年。但不管怎么发展也不会有世界领袖出现。

日本具备了发挥领导力的资格

我的见解是，日本具备了在世界舞台上发挥领导力的资格，因为日本具备了与此相应的所有条件。

首先，日本的军事力量比较弱小，在最近五十年的时间里从来没有实际投入使用过。尽管日本在提升军事实力上有所投资，但实际效果却无人知道，并且日本也没有任何霸权主义倾向。

此外，令我感到骄傲的一点就是，日本在战后实现的经济成长奇迹。在二战刚刚结束时，日本的人均国民生产总值是 300 美元，而今天这个数字已经飙升到了 36000 美元。放眼全世界，有很多国家都渴望能够实现这样的"奇迹"，日本如果能向这些国家传授经验的话，必然会得到热烈的欢迎和感谢。

并且纵观全球，只有日本有资格讲授在缺少自然资源的情况下，如何通过教育扩大人力资源，实现经济成长的经验。

此外，在资金上，虽然日本社会消费不振是一个不良的现象。但与此同时，日本社会却又拥有足以借贷给美国的庞大储蓄。假如日本政府放弃拯救那些濒临破产的银行和建筑巨头，便能多出 60 万亿日元的资金，如果日本政府利用这笔资金将全世界发展中国家的所有债务，那么如此一来，日本毫无疑问将会得到全世界的感激。所以，与其将这 60 万亿日元拿去填补那些濒临破产的银行和建筑巨头的无底洞，还不如用来构建与日本经济发展相匹配的国际领导力，在借给美国和德国的同时，还能帮助全世界的发展中国家，彻底解决它们所面对的债务问题。在思考这笔资金的使用方式的时候，就正如"noblesse oblige（位高责重）"这个词所表现的，除了我说的这种方式外，就不应该再做他用。

与此同时，日本又有着雄厚的技术实力。因此，在拥有如此充足条件的情况下，日本并非不可能成为世界的领袖，尽管日本人缺乏成为优秀领导者的资质，但是日本已经取得的客观成绩却又是显而易见的。

日本的领导者所应具备的愿景

江户时代末期，是日本近代黎明即将开启的时代，当时亚洲各国接二连三地沦为西方殖民地，使日本人产生了"如果再这样下去日本也将成为西方列强殖民地"的危机感，而最终取得了明治维新这样一场非暴力革命的成功。

今天的日本人可以说是世界孤儿。这种说法或许过于直接，但是日本必须拥有自己是世界孤儿的危机感。以前国际上曾经出现过"Japan Bashing（敲打日本）"的风潮。不管怎样，这应该算是一个值得感谢的事情，"打是亲骂是爱"就是这个道理。后来世界对日本开始采取"Japan Passing（略过日本）"的态度，将注意力完全转向了中国。现在只剩下了"Japan Nothing（无视日本）"，尽管日本实力依存，可却已经沦落为了世界的孤儿。

日本怎么做才能够摆脱这种状况，重新获得世界的认可呢？要想实现这个目标，英语、IT 和财务就变得必不可少。在网络上，将近 80% 的信息都是通过英语传播的。因此必须获得这些信息，并增添知识附加值，然后再向外传播出去，通过这种方式来获取利润。在当前这样一个英语、

IT 和财务一体化的时代，日本人却恰恰在这三个要素上的能力显得薄弱。

日本以前获得经济成功的关键在于培养出了符合工业化社会与大规模生产时代需要的合格人才，现在日本必须为下一个时代培养出合格人才。要想在 21 世纪立于不败之地，就必须确保在上述"三大要素"上培养出绝对立于不败之地的人才。

前面已经说过，凡是实现了经济成功的国家和地区，基本上都能够在世界范围内吸引到人才、资金和物资。只有在人们愿意前往居住、企业愿意展开商业活动的地方才会出现繁荣。然而，日本获得的海外直接投资在世界范围内仅仅处于第 20 名的位置，而美国却从世界各国获得了几乎占全世界直接投资总额 26% 的投资。也就是说，美国极其成功地实现了利用他人资金造就自身繁荣的"出租经济"模式。

在美国，IT 行业前 300 强中有一半以上是由中国人和印度人开办的。如"i2 Technologies"公司是由两个印度人创办的，所以才将公司名字命名为 i2。美国一半以上的理工科博士都不是美国人。总之，全世界的优秀人才涌到美国并成就了美国的繁荣，这是开放经济模式的必然结果。

当然，全世界的企业同样也蜂拥到美国，不管是以色列、印度，还是爱尔兰、新加坡，所有这些国家和地区的企业都一心想要在纳斯达克上市，来自世界各地的经济资源是成就美国繁荣的一个重要原因。

日本则与美国截然相反。曾经位居世界第二的日本经济并非仅靠日本人的努力才实现了自身的繁荣。尽管日本向世界其他国家或地区借贷资本，但是却很少有资金流入日本，即便在亚洲，日本不仅远远落后于中国大陆地区，甚至吸引到的直接海外投资规模连中国的香港都比不上。

日本必须进行谦虚的反省，充分认识到日本这个国家对资本家和投资家而言，并不是一个具有很大魅力的地方。在此基础上，重新建设这个国家，让日本可以吸引来全世界的企业和优秀人才，让他们愿意到日本来大显身手。在全球化经济体系中，构建一个能够让日本实现繁荣的经济、社会和政治体制才是日本实现重生的唯一选择。而且日本还需要培养出心胸开阔，愿意接纳国外优秀人才，并与之共同合作的本国人才。日本要想在 21 世纪继续保持繁荣，除此之外别无他路。

实现繁荣的途径

如何才能够实现繁荣呢？首先，我们必须以史为鉴。日本历史上的所有社会大变革都借助了外力，这次想要实现转型的话，也应再次借用外力。幸运的是现在我们有戈尔（美国前副总统），他差点就当选美国总统，现在却赋闲在家，日本可以把他请来当"日本民主党的总裁"，如此一来他甚至连名片都不需要换（戈尔当时是美国民主党领袖。——译者注）。

我们还可以聘用鲁宾先生（美国前财政部长），或者干脆聘请他暂时担任日本的财政大臣，奥尔布赖特（克林顿政权的国务卿。——译者注）女士则可以请来日本担任外务大臣，我们可以考虑组建这样一个新的日本内阁。

这其实正是日产公司的做法。尽管日产是一家杰出的企业，然而却一直都无法有效发挥自身潜力。在戈恩（Carlos Ghosn，法国人，法国雷诺汽车公司 CEO、日本日产汽车公司 CEO。——译者注）就任公司总裁一职后，将大家毫无办法的事情都处理得相当出色。事实上，在戈恩总裁身后站着塙义一董事长这样一位了不起的企业家。当塙义一董事长试图在日产内部推动革新的时候，周围所有的日本人都在阻止他。但当戈恩总裁来推动相同的革新时，对日本人的反对意见，他却可以用"听不明白"为由置之不理。

现在，日产公司已经创造了超过母公司雷诺5倍的利润额，具备了反向收购雷诺的实力。日产公司原本就具备了这种能力，但是完全依靠日产公司自身是无法发掘出所有这些潜力的。

既然日本的棒球界能够把佐佐木主浩和铃木一郎这样的优秀选手转让给美国西雅图水手队，我们同样可以在政界效仿体育俱乐部的做法，引进国外杰出人才，并由日本优秀的政商界人士为这些海外人才提供支持。

事实上，十年前我就意识到了日本应该做出这样的抉择。我在《新国家论》和《平成维新》等书中早已对此做出了详尽的阐述。这些理念之所以无法转化为现实，完全应归咎于日本人的国民性。当我这样的日本人站出来准备付诸实施时，其他日本人一定会重重设障。

今天，我仍然对日本的前途怀有充分的信心，相信日本一定能够重新站立起来。为此，我们有必要借鉴历史，"去请戈尔先生出马，自大化改新以来日本所有的重大变革

都是由他这样的人完成的"。而我们作为准备为国家的重新
构建贡献力量的日本人，应全力以赴协助日本在一个崭新
的世界发挥领导职责，并让日本的领导者具备远大视野。
如此一来，将来即便戈尔先生或者戈恩先生离开，我相信
日本依然能够作为一个伟大的国家，在赢得全世界尊敬的
同时，继续保持自身的繁荣。

美国和日本：两个经济大国的联合领导力

戴维·马尔福

无法断然实行改革的日本

美国和日本是两个经济大国，在考察两国领导力时，过去十年间，存在着一个从未改变的基本论点，也就是"日本经济要想重振活力，迫在眉睫的事情就是要推动全面改革，可是日本政府在这个问题上却总是裹足不前"。

迄今为止，日本政府未能制定出有效的经济对策，使日本经济所面临的问题变得比数年前更严重。现在可以说是处在紧要关头，它属于领导力的危机，植根于日本根深蒂固的理念。这种理念就是变革应在完全可控的前提下方可进行，改革既要确保循序渐进，又必须得到广泛的政治认同。坦率地讲，日本的政治家实际上缺乏应对经济现实的意愿。

全世界都对陷于苦恼中的日本持有怀疑态度，美国的新政权必须在这种状况下定位日本在世界和亚洲的地位，并采取相应的对日政策。

我与日本的联系（任职于沙特阿拉伯货币管理局期间）

日本究竟还是不是世界屈指可数的经济大国？至少目前可以这么说。对这个问题除了客观判断之外，还需要融入主观因素，这就让人难以给出明确的答案。

我与日本有着很久的缘分，这种关系一直可以追溯到三十年前，也就是 20 世纪 60 年代后期。当时我作为怀特维尔德公司的员工，在刚刚建立的欧元债务市场上负责众多日本企业的债券发行业务，日本经济之后实现了举世瞩目的增长，在整个世界经济中处于举足轻重的地位。

从 1975 年到 1983 年，我作为沙特阿拉伯货币管理局的高级投资顾问，与日本打过许多交道。当时我与沙特阿拉伯货币管理局的同事们管理着数十亿美元的石油资金。因此，就比世界上的任何人都有更多机会与日本金融界人士会晤。当然，也比任何人都有更多的机会倾听关于日本股票与债券投资的讲解与介绍、购买日本国债、聆听日本经济学家对日本经济的预测。总而言之，我相信比起任何人来，我向日本提供的资金最多。后来我又作为美国财政部副部长在政治和经济领域与日本政府有着直接的往来。

沙特阿拉伯货币管理局是一家在海外投资领域最具自由度的投资机构，正是在这家机构里，我对全世界的金融市场有了足够的认识。在 20 世纪 80 年代初期，我自信自己站在了不断全球化的资本市场的最前沿。当时，由于技术和通信的飞跃性进步，世界各主要国家开始废除和放宽资本与外汇交易上的相关管制，各种投资活动超越国境、日趋活跃，整个金融世界的风貌都出现了极大的变化。

然而，同一时期的日本金融市场却仍然保持着封闭状态。政府对金融市场的管理既深又细。我感觉日本的做法是与世界经济潮流背道而驰的。随着与日本的交往不断加深，我开始坚信不仅是金融市场，乃至整个经济领域，日本早晚都将走上开放和自由化的道路。

我与日本的联系（任职美国财政部副部长期间）

始于 1984 年并一直持续到 80 年代末期的日元与美元

的交涉进一步证实了我的这种认识。日本既在竞争激烈的国际市场中以各国金融机构为合作伙伴，与各国进行着各种各样的交易，同时却又不允许美国等其他国家的金融机构在日本市场获得公平待遇，这实在是一件不合道理的事情。这种封闭性不仅见于日本国内市场，在海外也同样存在。发行欧洲日元债券时，日本政府就规定主要发行方必须是日资证券公司。

我认为当时日本经济能够获得巨大成功，其中一个因素就在于日本政府对日元和美元汇率的操控，也就是说借助于外汇管理和贸易壁垒，日本得以确立了异常强大的竞争力，并且日本的资本市场又实施着几乎是世界范围内最严格的监控和细节管理。

如日本长年所愿，当时的东京终于成了继纽约和伦敦之后的世界第三大资本市场。然而与此同时，日本经济和金融市场的差别对待与壁垒却依然长期存在，政府的过度管理也没有任何改变。对于这两个现实，我总是感到难以接受。

通过日元美元谈判以及其他日美经济谈判，我们虽然取得了一定的成果，但是从来都没有触及核心问题。虽然日本对 G7 体制表现出了积极合作的意愿，但是对自身经济政策和国内构造改革所表现出的僵硬态度却基本没有变化。

有鉴于此，我开始对日本经济的长期可持续发展能力产生怀疑。尽管我常年置身于国际金融贸易行业，但是却没有投资任何日本股票。理由难以明喻，根据我自身的实务经验，我感受到了日本股市未来的风险。要想维持经济长期安定的成长，一个自由的金融市场显得必不可缺。但我当时的看法是，日本政府是绝对不会承认这一点的。

日本经济的低迷现状

自那以来已经过去了十年时间，日本经济也出现了严重的恶化。但是日本依然是一个非常重要的国家，因此美国的新政权仍然需要像十年前的我们一样，认真谨慎地与日本打交道。在某种意义上这也是必然的结果，作为一个世界大国，日本既是一个攸关美国存亡的重要盟国，同时也是一个拥有悠久历史和灿烂文化的国家。

但是现在的问题是，日本将会朝着哪个方向发展，日本经济的现状又是怎样的，这些问题又会给日本和美国的未来带来怎样的挑战。这些问题错综复杂，无法从整体做出清晰的预见。

日本曾是世界最大的债权国，曾拥有 3500 亿美元的外汇储备，对外资产更是远远超过这个规模。日本人的工资标准处于世界最高水平，拥有世界最长的人均寿命，教育与医疗水平也同样极高。

尽管如此，日本经济自 1990 年以来却一直处于低迷徘徊的状态。1995 年的时候，人们终于明白，日本经济的现状并非完全是资产泡沫破灭的后遗症。现在问题似乎变得更加棘手，注入公共资金后依然无法复苏的日本银行系统是目前日本经济陷入严重困境的象征。

自 1990 年以来，日本经济实现了 13％ 的名义增长，而美国的增长幅度是 73％，英国则是 60％。如果这种情况再继续下去的话，日本经济早晚会被欧洲主要国家超越，甚至会被其他主要新兴国家赶超。

以美元为标准，日本经济规模是德国的 2.5 倍，英国的 3 倍以上。然而，这个数值是过去十年间，日元升值 50％ 的结果。而日元升值又是日本的高储蓄率和封闭的国内市场所导致的国际收支顺差所造成的。日本国内众多的政策限制仍然保护着日本企业不受国际竞争大浪的冲击。

这样的状况当然不可能继续持续下去，国际竞争对日本经济的浸透正在不断加深。日本企业已经开始转移到成本低廉、劳动力丰富的中国，然后再将在中国生产的产品反过来出口到日本。而且日本的消费者现在已经可以通过网络在全世界范围内购买各种商品和服务。

日本在这十年间的经济停滞也意味着实际债务在复利的基础上出现了膨胀。日本的银行系统在得到日本政府投入 5000 亿美元的公共资金后依然无法摆脱危机状况。日本政府投入的这笔救市资金规模远远超过了美国当年处理储蓄信贷协会危机时所花费的 1400 亿美元。但是综观现状，日本银行的业务纯利依然在不断减少，这就使得政府再次向银行系统投入公共资金的可能性继续攀升。

这场危机也波及了保险公司。资产市场的长期低迷和低利率，导致投资者的收益回报无法确保，商业地价仅有泡沫顶峰时期的 20% 左右，并且还在继续下跌，日经平均指数与最高时的 1989 年相比，跌落了 65%。

自 1990 年以来，日本的私人投资领域，不管是名义的还是实质的，都是低迷状态。这也是民间部门对政府宏观经济政策失望的一个明证。此外，日本政府虽然对要求进行经济刺激政策的国际压力做出了一定回应，扩大了公共投资规模，但是收效甚微，产生的影响更多表现在消费领域而非投资领域。

日本政府的财政政策可以说已经达到了极限，政府债务与 GDP 比超过了 120%。曾有预测，2001 年日本政府的财政赤字将达到日本 GDP 的 6%。虽然日本中央银行还多少拥有一些实施金融缓和政策的空间，但是大幅度的日元贬值又会给作为日本重要贸易伙伴国的亚洲各国带来严重影响。而这些国家的经济现在依然处于极其脆弱的状态，这种做法也会导致美国经济问题的恶化。

与全球经济渐行渐远的日本

随着经济全球化进程不断加深，世界各国经济之间的关联也在不断扩大和强化，变得越来越开放。在这种潮流当中，日本经济却与世界渐行渐远。在 20 世纪 90 年代，日本进出口贸易的年平均增长率只有 2%，远远低于世界平均水平。日本的跨国企业并购规模只有 160 亿美元，远逊于欧洲的 3440 亿美元和美国的 2500 亿美元。

2000 年，日本从海外获得的直接投资只有 260 亿美元，仅占日本 GDP 的 0.6%，少于当时经济规模小得多的中国的 410 亿美元。这就使得日本无法通过参与国际竞争、进行企业管理创新和生产制造技术的改善来获得更多利润。

日本企业的对外投资规模在 20 世纪 80 年代后期曾经一度达到年均 600 亿美元的水平，但是在近十年中却一直低迷徘徊在年 250—300 亿美元的规模。日本在世界贸易中所占份额从 1986 年的 10.3% 下降到 2001 年的 7.4%。日本银行的海外放贷规模自 1997 年以来缩小了三分之二。造成这种状况的主要原因在于日本的资本管制和信用级别的降低，使得日本企业在海外的融资成本上升。

日本的政界和商界精英们长期以来对经济开放和自由化都怀有抵触情绪。他们这么做表面上是为了维护日本社会的和谐和优势，实际上却是为了维护他们自身的利益，确保其在日本国内的权力和影响力不被削弱。在这种状况下，日本社会已经变得难以继续忍耐经济的长期萧条。在过去的二十年中，由于根本性的结构调整上的失败，已经给日本国民造成了严重的伤害。近二十年间，社会财富严重蒸发，日本国民也无法获得更多的商业机会。

虽然日本也拥有具备世界最强竞争力的出口导向型企业，但是其他大多数企业，也就是占日本经济整体 80% 的企业，在诸多方面却已经落后于世界的变化和发展。如果日本在世界舞台上进一步被孤立的话，这些企业将会更加落伍。日本的国内通信费用与其他贸易伙伴国相比非常昂贵，这也阻碍了其信息产业的发展。

迟缓的日本结构改革

日本的政治家即便是暂时性的，也不愿意去选择实施有可能降低国民高生活水平的政策。他们往往以维持国民生活水平为由，甘于现状，不做任何尝试，最终导致日本在经合组织成员中成为老龄化进程最明显、政府债务最庞大的发达国家。根据日本的人口动态，我们能够预想到今后日本的劳动力市场将会进一步缩小，潜在成长力依然将会保持低迷。

由于日本的结构调整极其迟缓，使得日本的失业问题逐渐显现。虽然失业率上升对经济结构调整而言是一个不可欠缺的过程，但是日本的政府、企业和社会却都不愿意承认这一点，使得日本社会的结构依然与低失业率时代一样保持不变，这也就导致失业者在社会中被边缘化，自杀率攀升到令人痛心的地步。当年以终身雇用为前提进入公司的员工一旦失业，往往就无法找到新工作。

资产价格的下滑和超低利率，使得日本国民对未来的生计感到不安，不得不在收入不断减少的情况下继续提高储蓄率，这也使得政府为了刺激经济而推行的财政政策几乎不产生效果，相关政策应有的乘数效应也遭到了削弱。

世界经济的现状

当今世界，各国之间的实力正在相互制约。但是，一国的经济实力决定了政治实力这一点不管任何时代都是相同的。虽然美国仍然是世界第一的经济和政治大国，但是，如果欧洲能够团结一致的话，其规模就足以与美国匹敌。此外，在主要的新兴国家中，还存在着像中国和墨西哥这样发展速度强劲，日趋开放，不断采取积极经济政策的国家，这些国家如果能够继续保持现在这样的政策的话，迟早有一天会追赶上发达国家。

美国经济的急刹车对日美关系具有重要意义。虽然美国经济依靠令人艳羡的优势，长期在世界范围内保持领先地位，但是这一次美国经济的减速，却象征着世界经济将迎来调整局面，甚至有可能陷入危机之中，这种征兆事实上已经初现端倪。经济学家已在试图判断美国经济最终走势：实现平稳着陆，会遇到一些问题，还是会出现混乱？

在经济和金融领域很有可能出现全球规模的不测事态，

因此美国有必要对此早作准备。首先美国应该果断调低利率，然后尽早制定新的税法，以期在实现短期财政刺激的同时，保持长期经济效率的提升。此外，美国政府还应该与主要盟国和国际机构进行合作，制定相关经济状况的应急对策。

以往成效不佳的日美谈判

美国与日本必须重建传统的合作关系。然而令人遗憾的是，过去日美之间曾经出现过贸易摩擦，而近几年来，美国在世界经济领域中又不太需要日本的帮助。由于美国的压力，日本政府出台的各种经济刺激政策没有产生任何效果，这一系列因素使得日美合作关系始终无法实现。

更严重的是，日本经济持续低迷，国内经济结构改革以失败告终的现实。日本国内经济结构的僵硬妨碍了日本经济的复苏是一目了然的事情，对于这种现状，日本却无法做出任何改变。

就像日元和美元谈判一样，如果美国只专注于个别领域与日本展开相关贸易谈判的话，确实能够产生一定的效果，但是这些成果只对一部分美国产业界有利，却无法触发日本经济的根本性变革。个别谈判也有可能引起双方摩擦，催生负面的政治形势，结果不仅使得日本政府在宏观经济问题和结构改革问题上难有进展，而且有可能伤害到日本出现变革的可能性。

根据我的经验，每当日本被要求制定经济对策的时候，漫长谈判最终给出的答案永远都是一样的，全都是基于财政政策的经济刺激和一定程度的货币宽松政策。而美国却总是将结构改革、打破僵化、提升海外企业进入日本市场的机会等要求放在优先地位。谈判结果美方要么无法与日方达成协议，要么只能得到日方的一部分认同。现在回头想来，美国的这些尝试，不仅没有纠正日本经济政策中的那些扭曲之处，反而起到了推波助澜的相反效果。

因此，才会有像阿布希尔先生那样，从日美的商业界里发出期待日本产生变革的声音。也就是说，众多日本的大型跨国公司因优秀的管理手法在世界范围内获得了成功，所以大家应该能够理解改革的必要性。如果日本企业界的呼声产生效果的话，必然能够得到美国经济界的支持。

然而日本的商业界、产业界大部分都比较内向保守，对日本政府限制海外进口和投资的政策一直都持支持态度，就连日本的那些国际性企业也为了确保自身在世界市场的份额而支持日本政府的保护主义政策。日本的产业界对政治家究竟能够产生多大程度的影响，我们不得不画一个很大的问号，更何况那些年迈守旧的日本政治家与那些不可一世的商界长老们早已非常紧密地勾结在了一起。

改变日本的有效途径

日本的商业界领袖如果能够获得与守旧派不同的其他权力集团的支持的话，或许会有能力去推动日本的改革进程。这个集团就是日本的股东群。日美的商界领袖、银行家、基金经理们可以向日本的股东们传播股东价值最大化理念，这种理念对欧美股市的发展起到了重要作用。

看一看近几年来的欧洲，我们就会发现人们对于投资的认识正在以惊人的速度发生改变。日本的投资者常年处于失望状态，他们毫无疑问对这些新观念会乐于接受。

以往的日美谈判，美方获得成功时，很多时候日方也会有人赞同这种变化。我记得当年日美在围绕着医疗药品进行交涉的时候，日本厚生省的官员就曾支持进口美国产品。

当时日本的患者用药一般都是由人工配置，因此，日本厚生省官员在对药物安全性表示重视的同时，也认识到人工配药是导致医药成本过高的根源。同意进口美国生产的药品后，结果不但降低了日本医疗费用，而且还提升了用药的安全性。

民营化也是推动经济改革的一个重要手段。这种做法最早始于 20 世纪 80 年代的英国和欧洲其他国家，最后扩散至整个欧洲地区，并推动了 20 世纪 90 年代世界各个新兴市场国家的改革进程。而日本现在也正打算让众多国营企业民营化，在这个过程中，美国政府、企业、银行家、基金经理、评级机构，应该把符合国际标准的公司管理制度和股东权利引入日本作为重要目标。如此一来，日本投资人必然会要求民营化后的新企业担负起应有的解释责任，并确保良好的业绩。投资者同时又是企业的相关权利方，因此股东价值最大化这种投资文化理念的生根发芽将对日本市场的活性化起到推动作用。

日美两国的任务及对日本的忠告

当前为了预防世界性经济危机的爆发，日美两国最重要的任务就是要尽早推动美国经济的合理化复归，同时应减少美国经济对世界经济的影响度，在未来一年内强化欧洲经济的实力。也需要日本通过推动改革实现经济复苏。

世界主要发达国家与国际金融机构不仅要做好准备，应对一般市场的变动，同时还要针对世界范围内可能发生的、与经济结构调整相关的问题做好应急准备。这类问题在转型期非常容易发生，并有可能给世界经济和金融体系造成震撼性的影响。

日本要想重新实现可持续性增长，必须着手推动长年未决的根本性结构改革，消除诸多阻碍经济复苏的障碍。美国也应要求日本进行这样的转变。同时，我们还应充分认识到，日方可能依旧试图让所有变化都处于可控范围内，从而导致相应转变的停滞不前。

国际货币基金组织和其他国际机构的改革同样势在必行。美国需要在获得日本支持的前提下对这些国际机构施加压力，迫其改革。而这些国际组织和机构也必须提高自身对国家层次、地区层次，以及全球层次危机的预测和应对能力。如果能够确保这种能力，像近几年这样的紧急金融救助政策的实施次数和规模就都能够得到降低。

在亚洲，美国过于偏重对日关系，为了确保平衡，美国必须进一步谋求扩大与亚洲其他重要国家双边关系。如果日本今后对世界经济的参与度依然有限的话，美国就不得不要求其他亚洲国家担负起更大的责任。

世界主要新兴市场国家事实上已经具备了这样的实力，这些国家通过推动自身经济的改革和开放，正在与全球经济和金融市场融为一体，并发挥着越来越重要的作用。

美国和日本，以及其他 G7 国家在现有国际框架中，在应对全球经济问题时，要充分考虑到上述这些新的因素。此时此刻，美国的政治和经济领导力，日美两大世界经济大国的关系就显得至关重要。

如果美国能谨慎地、建设性地发挥自身领导力的话，那么我们就能够期待日本像从前那样，重新和美国建立起紧密的合作关系。日美两国在世界范围内拥有广泛的政治和经济利益，现在新的机会已经降临。日美两国如果能紧密合作，必然能结成一个强大的同盟，日美双方应该认真对待这场机遇。

第二章

理想的政治领导者

政治指导力

中曾根康弘

拥有历史眼界

　　自 1991 年苏联解体，冷战宣告结束，整个世界就陷入了混乱状态，这种混乱一直延续至今。冷战时期，美国和苏联就像两块吸力强大的磁铁，把世界众多国家牢固地吸引到各自周围，形成相互对立的两大阵营。苏联的解体使得苏联这块大磁铁被切断了电流，进而让美国也随之切断了电流，原本吸附在它们四周的铁块顿时四下散落。原本分属于美苏阵营的诸多同盟国不得不重新进行自我定位，形成了当今这样一个前所未有、复杂多样的国际社会。

　　身处这样一个时代，我们能够凭借的唯有历史眼界与历史的实证性了。美国国际战略研究中心的阿布希尔先生研究总结了美国历任总统的 76 个失败和成功案例，当我们想要以史为镜、展望未来时，这样的工作就显得必不可少。我的政治生涯中，同样存在着失败与成功的经验。

下面我将结合自身经验，从历史角度来探讨日美关系，以及日本未来将会遇到的挑战，并着重阐述如何发挥领导力这个问题。

认清太平洋战争的历史意义

明治维新以来的一百四十年日本近代史中，最大的事件就是太平洋战争。太平洋战争甚至可以算得上是日本史上最重要的大事件。然而，日本人对这场战争的认识却存在着严重的不足，并没有进行充分的检讨。不管是日本的学者、政治家，还是企业家，或多或少都在试图回避正确认识和评价太平洋战争。这种逃避主义实在不能算得上是诚实的态度。

我们理应站在日本人的角度深入探讨当时罗斯福和丘吉尔之间的关系，以及同盟国对日本国内形势，尤其是政治形势的看法。对于东京审判时提出的各种问题也必须逐一进行分析，找出哪些是正确的，哪些是错误的，哪些可以作为我们的教训。然而这些工作事实上却根本没有得到足够的重视。

认清导致日本走上太平洋战争歧途的错误，能够对日本的未来之路起到指引作用。在当年日本犯下的一系列错误当中，第一就是 1915 年（大正四年）的 对华《二十一条》条约。在第一次世界大战期间，日本作为协约国成员强占了中国青岛和胶州湾，将德国在中国的这两处"租借地"纳入自己的控制之下。当时的日本政府向中国提出了诸多过分的、严重伤害中国人民民族自尊心的要求。日本的对华《二十一条》不平等条约成为点燃中国民众抗日精神、民族精神的导火索，也成为中日战争的远因。后来日美之间的战争其实就是中日战争的延长线。

第二个错误则是日本当时的宪法所造成的问题。在旧日本宪法当中有独立统帅权条款，这项条款规定军队的作战行动无须经由政府内阁的批准。根据在 1921 年（大正十年）华盛顿会议上签署的《九国公约》，日英同盟就此废止，而美英日三国的海军舰艇吨位比例限制为 5∶5∶3。对此感到不满的日本海军便以宪法规定的独立统帅权为借口，利用东乡平八郎元帅（1848—1934，日本海军元帅，在对马海峡海战中率领日本海军击败了俄国海军，并因此获得了"东方纳尔逊"的称誉。——译者注）的威望，对若槻内阁，以及之后的滨口内阁置若罔闻。

此外，缺乏坚定的战略是导致日本发动太平洋战争的一个重要原因。当然，欧美各国对太平洋战争的爆发也负有一定的责任，就正如我在《21世纪日本的国家战略》一书中所指出的，这场战争对美国、英国、荷兰等国家而言，与它们在18世纪、19世纪卷入的欧洲战争的性质完全一样，都是普通的战争（世界通说是法西斯战争。——译者注）。对亚洲国家而言，不容否定的是，这确实是一场日本发动的侵略战争。这是我本人的观点，在《21世纪日本的国家战略》一书中我对这个论点做出了详尽的阐述。

外交四原则与国家战略

日本可以从太平洋战争中汲取到两点教训。首先就是外交四原则：第一，日本不应卷入超过自身国力的行动。第二，在外交上不应贸然下注。当时的日本误以为希特勒将会取得战争的胜利，结果却是大错特错。在德意日三国缔结同盟协定、太平洋战争还未正式爆发之前，希特勒的军队在欧洲战场上势如破竹。尽管当时的德军已经初显颓势，但是日本仍然认为其实力依旧，最终导致日本做出了错误的判断。第三，外交与内政绝对不可相互混杂。那些政治野心家们常常喜欢利用外交来影响国家内政，不管是试图利用外交影响内政，还是利用内政影响外交的做法都必须坚决杜绝。第四，一国外交必须顺应世界大趋势，以符合世界潮流的个人和国家的普遍价值观以及具有前瞻性的思维为基准。日本当年之所以会卷入那场战争，其中一个原因就是受到了完全与世界潮流相悖的、希特勒在《我的奋斗》中所鼓吹的那套理念的蛊惑。

此外，日本外交还必须制定全盘战略，确立战略中枢。日本历史上长期奉行闭关锁国政策。作为一个国家，日本历史上遇到的危机也只是忽必烈的蒙古军队入袭而已（13世纪蒙古军队在征服中国大陆之后曾经两次试图进攻日本，最终都因遭遇暴风铩羽而归。——译者注）。这也就导致了日本的对外政策缺少全局战略观。自明治时代开始，日本一心想要赶超欧美列强，但是在大正和昭和初期，完全陷入了与中国相关联的各种各样的纠缠之中。当时的日本作为一个国家在执行对外政策时完全是头、痛医头脚痛医脚，既缺少对世界潮流的正确认识与把握，也没有任何战略可言，政府内阁更迭频繁，这些问题最终导致了战争的爆发。

　　有鉴于此，对日本而言，最重要的就是重新确立本已欠缺的国家战略。

　　然而细看当前日本中央政府进行的机构重组，只不过是简单地削减了一些省厅的数量，将一些局和科级部门归并到一起，没有进行进一步创新以期建立一个符合新时代要求的中央政府。即使是那些归并到一起的局、科级部门，如何对它们进行整合管理，如何破除部门壁垒使用人才等问题也没有进行足够的论证。作为一个国家，日本的综合战略现在仍然是一片空白。

　　在日本政府推动省厅机构重组的过程中，我曾经提出建议，要在内阁中枢建立调查局，对各类信息进行一元化管理，不拘一格地招募优秀人才，制定国家战略。通过这个调查局可以收集中央政府各部门以及民间机构的信息，进行综合分析，然后在此基础上制定国家战略，展开对内和对外宣传。

　　这个调查局必须由总理大臣和官房长官（相当于日本政府秘书长，是内阁中仅次于首相的职位。——译者注）直接领导，调查局局长至少应该拥有高于法制局长官的权力，然后再从官员、专家以及商人中聘请一些顶级精英给予其副局长级别的待遇。我的这份提案至今还没能得以实现，但是根据历史经验，设置这样一个机构必定能发挥极其关键的作用。

吉田首相的功过与我推动的科学技术政策

纵观日本历史，第一次打开国门当属明治维新，从此日本形成了近代国民和国家的雏形。第二次打开国门则是受赐于麦克阿瑟领导之下的盟军占领，使得日本得以融入世界潮流。当时的那场世界潮流就是指自由民主主义与资本主义市场经济的大潮。与此同时，日本也借机与美国结成了价值和利益共同体。正是自由民主主义的价值，以及日美双方所拥有的市场与科学技术，给日美两国带来了无限生机。日美两国的紧密合作，成为今天日本成功的要因。

战后日本能够从废墟中重新站立起来，应归功于吉田茂首相。他主导缔结的《日美安保条约》给日本的安全提供了"保护伞"。但《日美安保条约》导致了日本人的堕落。《日美安保条约》使日本人心甘情愿地把国防任务交由美国人。当时日本社会党公开喊出了"青年人要拒绝武器"和"妇女们不要把自己的孩子送上战场"的口号。独善其身的和平主义在日本社会中成为主流。由于民众都曾经历过悲惨的战争，使得厌战思想席卷了整个日本社会。因此只有大肆宣扬反战言论的政治家才能在日本社会中赢得选举。

我在 1954 年（昭和二十九年）时就认为日本也需要建立核能产业，于是投入 2 亿 3 千 5 百万日元的预算建立了日本的核能研究体系。当时我因这个决定被外界责难是独裁者，还有人说"中曾根想要制造原子弹"。然而，过了没多久，人们才渐渐地意识到，日本之所以会在战争中失败，一个原因就在于日本当年的科学技术政策。作为日本战后一种独特的反思结果，冷静理性的科学技术精神终于在日本社会得到了广泛认可。

为此，我创建了日本科学技术厅和原子力委员会，并取得了巨大的成效。之后的日本宇宙开发也遵循了与之相同的套路。

我在 1959 年（昭和三十四年）担任过日本科学技术厅长官一职，制定了以东京大学兼重宽九郎教授为核心的宇宙开发计划，结果没想到马上又被外界说成"中曾根又想研制洲际弹道导弹"。后来我担任了田中角荣内阁的通产大臣并创建了与生命科学有关的审议会（日本科学技术会议生命科学部会），奠定并推动了相关研究的建立与发展。总而言之，是我在日本的核能、宇宙开发，以及生命科学的研究领域播下了最初的种子。

为了让日本的科学技术政策能够跟上时代的步伐，并在保持前瞻性的前提下不断发展，常年来，我为之付出了不懈的努力。

然而再看看我的周围，几乎没有人能够像我这样拥有整体的国家目标，并在自己毕生的政治生涯中矢志不渝为之努力。在 20 世纪 50 到 60 年代期间（昭和三十年代），由日本国会议员推动制定的法案只有我的科学技术政策法案和田中角荣的高速道路网建设法案而已。从那以后就再也没有能够与之比肩的议员法案出现。仅凭这一点我就认为，那些作为日本国会议员的政治家事实上都欠缺能力。

在亚洲地区建立一个多边机构的必要性

前面所提到的"安保保护伞"，是指日本在坚持非核政策的前提下，进入美国的核保护伞之下，然后基于相互利益的考量，向美国提供军事基地。这既是不得已的做法，同时也是顺理成章的结果。这种体制一直延续到了今天，运转得非常成功。

欧洲有北约组织,它基于北约成员之间的关系,基本形成了整个欧洲的团结合作构架。作为经济合作基础的欧盟和欧元也都是建立在北约提供的安全保障之上。在亚洲地区,除日美安保同盟外,美韩之间也缔结有同盟条约,美国与泰国和新加坡之间签署有共同防卫协定,美国与澳大利亚和新西兰共同组建了太平洋共同防卫组织(ANZUS)。一个以美国为中心,呈放射状的同盟圈如输电网般在整个太平洋地区铺展开来。

在东亚地区,日本在把日美安保条约作为一个基本点的同时,还应建立新的多边国际机构。

围绕地区安全问题,包括日本、中国、韩国等东亚诸国以及一部分欧美国家在内的东南亚国家联盟论坛才刚刚建立。我们应该不断推动这个论坛的发展,并融入相互信赖、预防性外交、纷争处置等要素,使其最终发展成为一个成熟的多边机构,然后再争取把朝鲜包括进来。日本在21世纪的目标应该是在坚持日美安保同盟的同时,展开上述这样一种多边关系,为此就需要日本在相关政策上保持丰富的内涵和宽广的胸怀。

在经济领域已经有了定期召开的"10+3"会议,也就是东盟10国加上中日韩3国。2001年2月底,我与江泽民主席会晤时，提议在"10+3"会议的基础上再创办一个经济、财政和金融协议会，以便能够针对对冲基金的攻击展开共同防御，并相互学习金融改革方法。我认为有必要创办这样的经济金融多边机构，并召开财政部长和首脑会议。如此一来，不仅有利于推动东亚各国的合作，也能够提高东亚地区在世界经济中的发言权。

欧洲有欧盟，北美有北美自由贸易协定区，南美有南方共同市场组织，亚太地区有亚太经济合作组织，建立像这样的地区间机构已经是大势所趋，当前各个地区都在摸索自身的定位。

未来在东亚地区建立的多边机构必须确保透明性和开放性。由于美国经济对东亚各国拥有强大的影响力，因此这个多边机构在以亚洲国家和地区为主体的同时，还应该以观察员身份将北美自由贸易协定区和欧盟各国以及世界货币基金组织、世界银行和亚洲开发银行也吸收进来。如果澳大利亚也想加入进来，在各方同意的情况下，将其吸收进来应该不成问题。我向江泽民主席提交这项提案时，他当场表示"我们将认真对此进行论证"。

在东亚地区搭建一个像这样以安全保障和经济合作为主题的多边机构应该是我们下一步的外交目标，这个目标顺应了当前的世界发展潮流。我认为中国加入世界贸易组织对实现这个目标能够起到非常重要的助力作用。

让日本实现了高度增长的日本政府内阁的战斗力

我们再把话题转到日本的战后复兴，在吉田茂首相之后，日本经济获得了巨大的发展，民众生活质量达到了日本历史上的最高峰。整个日本社会文化的普及辐射效应也日益增强，东京流行的服饰不几天就会传播到日本各地；非军事化也成为日本战后社会的主要特征。从这些角度看，战后数十年堪称日本历史的一个巅峰。

之所以能够取得这样的成就，根源在于日本民族战后的复兴精神。二战结束后，我复员回到了化为一片废墟的东京，从脱去海军军服的那一刻起就踏上了新的征程。从军队复员的人们重新回到商界、政府机构，或者进入了政界，为日本的复兴倾注了全部力量。正是这种精神，再加上全体国民的团结，才成就了日本今天的辉煌。然而随着日本的复兴，在不知不觉中，日本人开始掉以轻心、骄傲自大起来，最终导致了泡沫经济的出现。现在日本就在为此付出代价。

日本高度增长期的巨大动力来自于鸠山一郎以来的日本各届政府内阁的努力和拼搏。鸠山首相实现了日苏关系的缓和；岸信介首相促成了日美安保条约的修改；池田勇人首相推动了"收入倍增"计划的实施；佐藤荣作首相实现了日韩邦交正常化，并让美国归还了冲绳；田中角荣首相则推动了日本与中国恢复邦交；而我则提议要进行战后日本政治的总清算。为了纠正明治时期以来日本中央集权管理的弊病和战后经济的弊端，改变政府机构的臃肿，我推动了行政和财政改革。废除了日本国防经费不得超过国民生产总值 1% 的规定，批准向美国提供军事技术，通过 G7 峰会与美国总统里根携手强化了与西方自由世界的合作体制，以便抗衡苏联。日本战后发展正是建立在以上这些真抓实干的努力之上。

然而自 20 世纪 90 年代以来，日本的内阁政权大都寿命短暂，泡沫经济的破灭也让日本整体失去了战斗力。阿布希尔先生在他的案例中就已经指出，克林顿总统在任职的八年间，居然会见过七位日本的总理大臣。要想改变这种政权短命、漂浮的状态，就只能建立超党派政权，共同确立日本的基本国策，相互努力精诚合作。

　　整个20世纪80年代，我一直都在担任接力赛中的最后一棒的角色。以进行战后日本政治总清算的名义，我得以在日本建立起一个小政府。

　　自明治时代以来，日本一直就是一个官僚统治的国家。战后日本的经济规模急剧扩张，政府机构也随之变得臃肿不堪。我与土光敏夫（**前东芝总裁，日本经团联会长。——译者注**）先生一道，为尽早解决日本官僚体系的臃肿问题付出了积极努力。以日本国铁、电电公社以及专卖公社的民营化、削减政府预算等为目标，推动了日本的行政和财政改革。

　　我就任日本首相时，土光敏夫先生向我提议："政府不应该继续征税，而应该去推动财政改革。"尽管当时我认为这是一项不可能实现的任务，但还是答应了他的这个要求。没想到经过我们的努力，政府规模确实缩小了。当时日本政府每年的财政赤字达6万亿日元，经过大约五年的时间，我们终于消除了日本政府的财政赤字。

　　目前日本政府每年的财政赤字大约是11万亿日元，我认为要想完全消除大概需要八年时间。政府应该把消除财政赤字已是自己的首要任务，必须为此制定中长期目标，说服国民与政府一道努力。目前，日本中央政府和地方政府共背负了 666 万亿日元的公共债务，都借自于日本民众，而非外债，可以暂时不理它，只需支付相应的利息就可以了。日本政府可以等到最终消除了财政赤字之后再来处理这个问题。

战后制度的硬伤所导致的泡沫破灭

当前的日本由于受到战后五十年的硬伤的影响，陷入三大泡沫相继破灭的状况之中。第一就是政治泡沫的破灭。这个泡沫破灭的根源就在于腐败，自民党正是因为金丸信问题（自民党前副总裁，被称为自民党幕后的黑金大佬，1992 年因为收取非法政治捐款和偷税漏税被起诉。——译者注）而陷入了分裂状态。

自民党分裂之后的十年时间里居然产生了 10 位首相，短命政权前仆后继，这也是导致日本经济衰退的一个重要原因。

从某种意义显示出议院内阁制是否适用于日本是一个值得商榷的问题。日本是由立法机构与行政机构共同组建内阁的，它不是三权分立，而是两权分立，这就导致立法机构会给行政机构造成负面的影响，隔上数年便会出现腐败现象。

那些具有基督教个人主义传统的国家所奉行的英国式的议院内阁制并不一定适合源自村落社会且具有集团性格特征的日本，日本应该进一步明确三权分立体制，明确各自分工。正如我一直提倡的，日本需尽早实施首相直选制度。

第二就是经济泡沫的破灭。这也是以银行为中心的经济运行结构的破灭。现在日本的银行机构正在清理过剩的负债、人员和设施。银行问题的核心在于日本政府对银行系统的优厚保护政策，现在已经到了必须改变这种政策的时候了。

第三则是社会泡沫的破灭。犯罪和贪污案的不断攀升，教育体系出现了严重的溃败。用我的话来说，这一切都是英国的功利主义、法国的个人主义、美国的实用主义等在日本肆意泛滥的结果，它们使得我们祖先传承下来的道德规范丧失殆尽。在今天的日本，那些曾是日本立国之本的价值观，诸如仁义礼智信、知耻、武士道等都已经找不到了。

这些不仅仅是日本文部省的问题，也是所有日本民众的问题，是一种文明病。有鉴于此，我主张推行教育改革必须发动社会大众，从草根阶层开始做起。

推动修宪并制定三个基本法

在这三个泡沫破灭重创的当下，我们中长期应该做的工作，就是描绘出 21 世纪的蓝图，并形成能将其付诸实践的政治力。当前的政治，对各种问题都是治标不治本。从长远看，政治家必须发挥强有力的政治影响力，找出问题的根源，向全体国民做出卓有成效的诉求，进而推动整个社会向前发展。

所谓蓝图，我认为首先要修订出一部符合日本国情的宪法。宪法涵盖了统治权、司法、外交、社会福利、教育、国防等领域。21 世纪的国家形态正是出自于宪法。作为具体论证修宪的机构，应该在日本参众两院设立宪法调查会，这是解决当前日本各种问题的重中之重。

同时还应该制订计划，利用十年时间制定有关教育改革、财政结构改革和安全保障的三项基本法。前面已经提到过教育改革，财政结构改革也有所触及，眼下政府需要做的和我当年所做的一样，也就是削减每年的政府财政赤字。用八年左右的时间，分成三个阶段，将日本的财政赤字清理干净。

2001 年春，由于日本经济严重萧条，政府的主要精力应该放在经济复苏上，没有必要立刻实施财政结构改革，应该根据经济复苏的具体状况来推动财政基本结构的改革。日本政府现在需要制定这样一个长期规划。

关于安全保障，小布什政权曾非常重视其主要团队成员中心整理的阿米蒂奇报告（美国国家战略研究所 2000 年秋天公布的一份特别报告），这份报告提到了集体自卫权的问题。日本不应该在这个问题上处于被动地位，应该思考自身力所能及的问题，并提出自己的方案。

按照我的观点，集体自卫权是一项天经地义的权利，是单独自卫权的延长。基于单独自卫权，为了保卫自己的国家，一国才会与其他国家结成同盟。对单独自卫权持认同态度而把集体自卫权视作违宪的解释是完全错误的。日本是为了保护自身才与美国结盟，那么在美国帮助了日本的情况下，日本也必须向美国提供支援，这就是为什么日本政府会向美国提供军事基地。

眼下问题的关键在于，一旦发生极端事态，这种支援的底线究竟该设在何处。为了解决这个问题，日本应该围绕集体自卫权制定一项国家安全保障基本法，明确在不同状况下的具体做法，从而确保集体自卫权的分寸和透明度。寻求日本民众的理解，并且还应将这些内容告知周边各国。

日本对外政策的挑战

日本在对外政策方面，首先需要面对的就是朝鲜问题。很早以前，我就建议朝鲜应该尽快处理与日本之间悬而未决的各种问题。朝鲜应像邓小平做的那样，即便不敢一下子大步迈进，也应逐步开放市场，引入自由经济。

关于中国大陆和台湾问题，我一向主张五项原则。第一，日本和美国应严格遵守与中国签署的条约和共同宣言。第二，中国应该贯彻和平统一理念。第三，台湾不从事谋求"独立"或者加入联合国等挑衅性言行。第四，加快两岸的政治交流。第五，同意中国大陆主张的"三通"政策，也就是通信、通商和通航。具体方法则由两岸通过谈判决定。如果这五项原则能够得到遵守，那么必然将会给全世界带来稳定。

中国的唐家璇外交部长访问我的事务所时，我向他提出了这五项原则。唐家璇外长表示"这是很重要的观点，我将带回北京进行认真研究"。

日本的外交政策必须充分体现日本自身的思想。政治家也应该提出我前面所阐述的这些理念，然而这恰恰是当前日本的短板。

领导者要与群众紧密相连

当前很重要的一点就是，日本不管是政治家还是普通民众都缺乏危机意识。人们现在的生活没有任何问题，在整个日本社会里，大家都有存款，衣食不缺，商品丰富。不管是政治家还是媒体人，都应该让日本全体国民进一步意识到整个国家正处于危机之中。

为了改变现状，重新构筑国家的基本结构，确保有效的政治力，有必要采取行动唤醒国民。在 2001 年 7 月的日本参议院选举之后，在适当的时候，日本政府应该断然推行以政策为中心的政界重组。但是考虑到当前日本政治的严重局限性和议院内阁制的基本问题，最终还是要通过修宪来引入首相直选制度。

实现首相直选制度的首要目的在于让普通民众能够与最高领导人产生直接的关系，彼此基于相互责任而互动。按照以往的经验，基于现在日本所实行的议院内阁制，没人能够知道最终谁会被选出来担任首相，这就导致普通民众难以产生责任感，出现一个数量庞大的无党派选民群体。在一个社会里，无党派选民群体的存在是一个严重的问题，它体现了社会大众对政治的漠然和蔑视。因此，我们现在有必要毅然决然地针对日本现行政治制度改弦更张、另起炉灶。

自民党总裁的选举同样不应再由内部谈判产生，而应放到大庭广众之下举行预备选举。当年由我主导的内阁决然地能够拥有强大的行动力，是因为我在自民党预备选举时获得了56万张自民党员的选票，远超我的竞争对手河本敏夫所得到的26万票。由于得到了普通大众的直接支持，我在任期间才得以发挥出了强大的领导力。通过这种方式还可以让最高领导人明白尊重普通大众的重要性。

当然，现在日本社会中对首相直选制度存在着各种各样的反对意见，例如，这种制度与天皇制之间的关系如何界定等。天皇只是日本历史、传统、文化权威的象征，而总理大臣则是以具体机能与合理统治为核心。一直以来日本的政治制度都是由这样一种二元化体制构成的。

在日本的漫长历史中，掌握实际政权的其实都是幕府的将军，而对这些将军的合法性给予认可的则是天皇。历史上拥有实权的天皇，除了景行天皇（公元 71—130 年在位的日本天皇。——译者注）之前的天皇以外，剩下的就只有《大日本帝国宪法》下的明治、大正和昭和这三位天皇了，而且日本最后一个拥有实权的天皇最终还是败在了美国手下。让天皇只保留尊贵的地位，实际上是日本民族的大智慧。正是传统权威与现实权力的二元构造才让日本得以实现长期稳定，对于这一点我们必须拥有足够的认识。

首相的指导力——历史眼界与宗教信仰，以及目标、政策和信息

首相直选制度对有资格成为首相的人又会提出怎样的资质要求呢？第一，首相候选人必须拥有成为首相的志向。民众早已对那些通过暗箱操作或者仅凭好运气就任首相职位的政治家感到厌倦。最近十年间，日本居然先后有 10 名首相轮番登场。一国首相如果缺乏相应的志向是绝对不行的。任何有志于成为首相的政治家还需要建立自己的团队，在必要的时候能够制定出相应的国家战略。

有资格成为首相者，其人格必须具备历史眼界、宗教信仰和道义性等要素。与基督教文化主导的美国不同，日

本是多神教国家，往往每个人的宗教信仰都不一样，所以领导者就必须在自身人格上树立权威。

第二，拥有明确的目标和政策，能够招募到称职的人才。我当年组建内阁时，首先做的就是制定目标和政策，然后配备与之相应的人才。当时我任命后藤田正晴担任官房长官，曾任日本警察厅长官的他，在发生地震等自然灾害时，在推动行政和财政改革过程中是管理官员方面的最佳人选。任命金丸信负责党务工作，依靠他的能力来平息自民党内的反对意见，从而得以推动电电公社的改革、日本国铁的拆分，实现了专卖公社的民营化。

作为首相，还必须具备洞察力、粘合力和说服力。洞察力，就是指对各种问题具有透彻清晰的观察能力。粘合力是指将优秀的人才、有效的政策以及有利的信息和资金都集中到一起的能力。说服力则是指对内部民众和外部世界的解释说服能力。所有这些能力都显示出了个人魅力的重要性。我认为阿布希尔先生强调的领导者的个性，其实指的是这样的人格魅力。

作为首相，还必须精确把握各种各样的信息。一旦坐上总理大臣的宝座，马上就会从外务省、财务省以及防卫厅涌来大量信息，其中必然存在一些错误的信息。我在担任首相职务时，日本拓殖大学的奥村房夫教授会读遍《世界报》、《纽约时报》、《华盛顿邮报》和《人民日报》等全世界的主要报纸，然后把要闻剪贴下来每周带给我一次。每周六早上，阅读这份剪报就成了我的固定工作。现在我只要一看报纸上的标题，就能立刻窥知事件的核心。这种能力很大程度上得益于当年读剪报的经历。

首相的指导力——直接领导、表扬官员、个人魅力

我在担任首相期间，非常注重直接领导。不是坐等下面的反馈，而是直接向下做出指示。就如推动日本国铁改革这样的重要问题，我会提前半年向相关阁僚提出要求，让他们进行论证，半年之后便开始具体实施。

在处理大韩航空客机击落事件（1983 年 9 月 1 日，大韩航空 007 号班机进入苏联领空，遭苏联空军战斗机击落于库页岛西南方的公海。——译者注）时，日本监听到了当时苏联战斗机飞行员与库页岛地面指挥部之间的谈话内容。当时苏联否认击落了韩国客机，试图掩盖真相。我拍板把事件的真相告诉了美国，并向联合国大会提交了相关

录音带，最终迫使苏联坦白了事件的真相。

日本外务省和防卫厅最初都反对我的这个决定，认为这将暴露日方的秘密。但是维护日本的军事机密和迫使苏联公开认错，哪一个更符合日本的国家利益，以及保护日本的军事秘密与维护世界和平哪一样更重要，这才是我决定向联合国提交录音带时的权衡标准。

我出访韩国的决定也是同样。我最初决定要访问韩国时，日本外务省向我表露了各种各样的怨言，我对此完全不予理睬。此外，苏联的契尔年科总书记去世，我提出要亲自参加他的葬礼时，日本外务省却要求我改派外务大臣前去出席。理由是以前出席苏联总书记葬礼的铃木善幸前首相没能见到新的苏共总书记，结果在我前往莫斯科出席契尔年科总书记葬礼的时候，却见到了苏共新的总书记戈尔巴乔夫。

只有像我这样，能够依据自身判断做出决策，而不是完全听信于下属官员的做法才能产生极其关键的效果。当然也是因为在预备选举中获得了 56 万张选票，得到了民众直接支持的缘故，我才能始终确保自身的强势。

作为首相，不仅需要对官员们发号施令，同时还必须能够对他们表示出认可和赞赏。日本与美国所缔结的《日

美构造协议》，以及在一年之内就使日元升值将近 100 日元
的《广场协议》都是日本官僚机构的杰作。日本外务省为
第九次发达国家首脑会议进行了精心的准备。每当我手下
的官员们做出了这样的成绩后，我都会向相关人员赠送一
打首相官邸保存的最高等级的葡萄酒，并进行口头上的表
扬与鼓励。在必要的时候领导者一定要懂得如何向相关官
员直接表示嘉奖。

我与里根总统完全是基于个人信赖才相互结下了深厚
的友情。我们拥有共同的目标、价值观和利益，并成了志
同道合的挚友。里根总统具有极大的人格魅力，作为政治
家，如果我们无法感受到对方的人格魅力，彼此意气相投
的话，是绝对不可能成为挚友的。相互之间的共鸣才是产
生友情的最重要条件。

在展开多边外交的时候，我们总是能够共同采取行动，
对其他国家发挥影响力。在第九次发达国家首脑会议上，
就在准备发表会议共同声明的时候，法国的密特朗总统对
共同声明中，为了对抗苏联的 SS-20 中程弹道导弹，美国
将配备潘兴 II 中程弹道导弹的内容提出了反对意见，从而
把里根总统逼入了窘境。于是我站出来向密特朗总统表示，
日本是一个拥有和平宪法并且宪法第九条规定禁止与外国

进行军事合作的国家，但日本却仍然赞同这项共同声明。我向密特朗总统说："等我回到日本后，肯定会遭到国内的批判，说我想要钻入北约阵营，做里根的走狗，但是这并不重要，重要的是我们之间的团结。"

如果两个国家能够基于共同目标积极合作，则必定能够对其他国家施加影响。而仅凭一个国家的力量，想要做到这一点往往是不可能的。总之，确保强大的同盟对于日本外交至关重要。

美国总统式的日本首相

理想的日本首相应是像美国总统那样的首相。我就公开宣称过要成为这样一个首相，并以这种风格做出了各类决策。如果按照日本国宪法的解释，那么迄今为止所有日本首相的定位都是错误的。

例如，吉田茂给人的印象就是一位辅佐君王的总理大臣。当年即便是在麦克阿瑟领导的盟军的占领下，他仍然向昭和天皇公开称臣。

我认为根据现行日本宪法，日本首相甚至要比美国总统拥有更大的权力。日本首相作为国会最高领导人，能够对国会发挥影响力。日本首相同时又是自卫队的最高司令官，并且日本最高法院的大法官也需要经由内阁推荐产生。然而现实中，日本首相仅仅是所有阁僚成员中的首席而已，可以说吉田茂式的理念至今依然根深蒂固。

我们现在必须做的就是与这种传统观念一刀两断，行使宪法赋予首相的权力，确立美国总统式的首相地位，以新的思维进行准备，做出判断，并付诸实施。

近代日本的领导力

北冈伸一

优秀领导者是国家发展的必要条件

一个企业如果拥有优秀的领导者就能够获得发展，反之则会陷入衰退。同理，如果拥有优秀的领导者，一个国家便能够实现发展，否则只会走上衰败的道路。这是一个亘古不变的真理，优秀领导者对于企业和国家的发展是不可或缺的必要条件。

然而，很多人却并不这样认为，世间盛行着与之相反的论点，诸如"日本拥有丰富的中间层人才资源，并不太依赖领导者的资质"，"即便政治家都不合格，但是日本的公务员阶层还是非常优秀的"，"虽然日本政治二流，但经济仍然是一流"，等等。

今天我们发现，其实所有这些论点都是大错特错。如果没有一流的领导者，一个国家必然会走下坡路，日本也不例外。

本文中，我将以明治时代日本的兴盛与衰退，以及战后日本的崛起与停滞为例，从人才选用角度对日本的领导力进行详细剖析。

幕府末期日本政治体制的变化

通过明治维新，日本的最大变化就是日本的人才选拔机制，也就是领导者的选拔机制。

当佩里舰队于 1853 年抵达日本时，主导日本政治的是谱代大名（德川家康建立幕府后，根据战后群雄对自己的忠诚度，把全日本的大名分成三类，即亲藩大名、谱代大名、外样大名。——译者注）。虽然谱代大名中有像彦根的井伊藩那样年俸超过 30 万石的特例，但是绝大多数的谱代大名的年俸都在 10 万石以下。那些作为老中（江户幕府的官位，在大老未设置时，是幕府的最高官职。原则上在二万五千石领地以上的谱代大名之中选任。——译者注）控制着政治大权的大名，基本上也都是以年俸 10 万石左右的大名为主。而外样和亲藩等较大规模藩的藩主则被排斥在国家政治核心之外。这种政治权力结构是德川家族为了防止政权被推翻，保持日本国内各势力之间力量的均衡所设计的。

随着佩里舰队的到来，这种政治体制逐渐显现出了严重的问题。那些实力比较强大的藩积极向西方学习，甚至开始独自建造军舰和大炮。于是社会中出现了这样的声音：如果幕府政权继续把这样的藩邦排除在国家政治之外的话，那么日本将无法聚集所有力量与西方列强进行对抗。

这种谋求改变的趋势甚至波及了日本的其他传统。按照德川幕府体制，将军的产生只取决于家族与血统的远近亲疏。哪一个家族的人从事何种工作，全部依照传统和身份来决定。当时，这种传统不应该再继续下去的呼声不断高涨，甚至掀起了要把将军候选人中不符合传统序列要求的、年长且被公认为最有能力的一桥庆喜（德川庆喜）推选为将军、越前藩主松平庆永任命为大老的运动。

这场运动在十年后的 1863 年，通过在京都设立参事会议的方式基本上获得了成功。在这个参事会议中，一桥庆喜被任命为"将军后见职"（相当于顾命大臣。——译者注），并包括了实力雄厚的越前藩藩主松平庆永和萨摩藩的岛津久光，只有与幕府公然为敌的长洲藩的代表被排除在外。以此为契机，日本以谱代大名为中心的政治体制开始向由强大藩邦的干练领导者为中心的政治体制转变。

在这场大转变中，我们有必要注意的一个人是岛津久光。岛津久光并非萨摩藩主，而是萨摩藩主的父亲，在日本朝廷看来，他只是朝廷下属大名的家臣而已。按照以往惯例，岛津久光本没有资格与其他大名一道进宫参政。可是当时的实际情况是，如果不把萨摩藩包括进来，就无法维系日本举国一致的团结；如果没有岛津久光的话，萨摩藩又不足以成事，因此，最后不得不把岛津久光的任命日期稍微推后了一点，但还是让他加入了京都的参事会议。

幕府在人才使用上的僵硬和呆板

然而这个新体制最终却以失败告终。一直到明治维新开始的数年间，日本有三种不同的路线在相互进行着竞争。第一种是要继续确立以德川庆喜为中心的德川家族的绝对统治；第二种是萨摩藩和长洲藩的武力倒幕企图；第三种是前二者之间的折中路线，也就是由各大藩组成联合体制来运行日本政治，这又被称为公议政体。

　　"大政奉还"正是德川庆喜基于列藩会议构想所制定的对策。具体做法就是德川家族从幕府体制中退出，作为大名重新与其他藩邦一起主导政治。德川庆喜的算计是，由于德川家族在大名中拥有压倒性的实力，因此，必然会在列藩会议上取得领导权，他还准备在此基础上争取到土佐藩等中间派的支持。这种算计可以说是司马昭之心路人皆知，因此遭到了萨摩藩和长洲藩的断然拒绝。这些藩认为如果不教训德川家族一下的话，是绝对不能与德川家族合作的，于是决定对德川家族进行挑衅。

　　在这场冲突中，西乡隆盛展露出了一名革命家的杰出资质。他以江户的萨摩藩官邸为大本营，在整个江户市内制造混乱，从而激怒了德川庆喜，加深了他心中不与萨摩藩共同分担社稷的决心，并决意发动戊辰战争。

　　在鸟羽伏见战役的第一天，由于偶然因素，德川军队略拜下风，于是德川庆喜马上决定班师回江户，手下人都对他进谏道："现在我军只是稍微有些不顺，完全能够继续战斗下去"，德川庆喜却对左右说："你们觉得我们大营里面找得出像西乡吉之助和大久保一藏这样的人吗？"德川庆喜的这番话等于在斥责他的部下："你们这些家伙全都是无能之辈。"作为一名领导者，这样的发言实在是再糟糕不过了。这也折射出了德川庆喜没能取得明治维新运动领导权的根源所在。一言蔽之，他的问题就出在人才的选拔和使用上。

萨摩藩实际最高军事长官西乡隆盛和担任外交事务大臣的大久保利通都是下层武士出身。而德川庆喜阵营一方则完全是根据每个人的身份任命相应职务，就连引进西方炮术、学习西方军队模式的时候，德川庆喜的军队也不是根据知识和能力来决定军阶，而完全依照个人身份。德川庆喜的家臣不是大名就是旗本（江户幕府时代年俸未满一万石的将军直属家臣。——译者注），全都是公子哥。据说德川庆喜的年俸按照当时的计算高达 800 万石，是萨摩藩的十倍以上。他与西方各国的交流也非常频繁，还得到了法国的支持，作为一名领导者，德川庆喜也算得上是位人才，但是他最终却走上了失败的道路。

曾经受到德川庆喜重用的永井尚志就是一个很好的例子。出身于大名家庭的永井尚志先是当了旗本的养子，之后得到重用，被提拔为大目付。这个职位的工作就是监督大名，待遇与大名相同，就是几乎等同于大名的旗本。到了明治时代以后，德川庆喜回想到，永井尚志最多只有再提拔一级的空间。由此可以看出幕府的人才选拔和使用的僵化保守。

萨摩藩、长洲藩，以及明治新政府灵活的用人方式

与德川庆喜相反，萨摩藩却大胆启用了像西乡隆盛和大久保利通这样的下层武士。大久保利通原本受到岛津齐彬的青睐，当岛津齐彬的政敌——他的弟弟岛津久光掌权后，大久保利通为了赢得岛津久光的认可，表现出了惊人的执著。经过调查他发现岛津久光的爱好是下围棋，大久保利通便从零开始学习，并通过围棋得以接近岛津久光。对于这样的人才，萨摩藩都是不加歧视地予以提拔重用。

在长洲藩，村田藏六（又名大村益次郎）是实质上的最高军事长官，但他的身份甚至连武士都不是，只是一名乡村医生。曾经在绪方洪庵（1810—1863，*日本江户时代的医生和西洋学家。——译者注*）的私塾求学。精通荷兰语的村田藏六可以说是天赋异禀，他居然能根据荷兰语书籍中的插图发挥想象力，建造出海船。他在第二次长洲征伐时成为山阴口战斗的司令官，后来在戊辰战争中他又与西乡隆盛一并成为真正参与战斗指挥的两位最高军事长官。

长洲藩之所以如此不拘一格地启用人才，是因为自身正深陷危机，处于生死存亡的边缘，不得不毫无偏见地任用人才。

这种对待人才的灵活方式同样被明治新政府所继承。例如，大久保利通和西乡隆盛在明治新政府制定的官僚制度中被授予除三大臣职位之外的权力最大的参议职位，这个职位相当于江户时代大藩的大名级别。也就是说，即便是身处武士阶层最底层的人也能够在明治政府中获得如此显赫的职位。在1885年（明治十八年）任日本第一代总理大臣的伊藤博文的身份就更低了，只是足轻（**江户时代最下等的武士和杂兵。——译者注**），他的家族往上两代就不是武士了。像这种身份的人，居然成为了天皇之下万人之上的日本第二号人物。

在中日甲午战争的时候，担任伊藤内阁外务大臣的陆奥宗光倒是出身名门，但他曾经作为反叛者被投入监牢。可是这样的经历并没有妨碍到他的提拔。当时伊藤博文和陆奥宗光这一对组合，即便是在国际舞台上，也是丝毫不逊于任何人的强大政治家组合。

日俄战争时被启用的儿玉源太郎同样具有代表意义。战争即将爆发时，负责作战准备的田村怡与造参谋次长突然去世，有人提出让被称作军事天才的儿玉源太郎接替田村恰与造的职位。但是儿玉源太郎已经先后担任过陆军大臣、内务大臣，并且还是下任首相的候选人，如果他接任参谋次长，就意味着降了两三级去当一名次官。可是儿玉源太郎却欣然接受了这项任命。

当时的德国、俄国和法国等国家，贵族担任普通中层军官是很普遍的，这也就说明在人才使用的灵活性上，当时的日本同属世界领先行列。正是由于日本明治政府能够在全日本范围内择优选拔人才，才让日本走向了兴盛。这里不妨假设一下，假如江户时代的体制延续了下来，由德川庆喜担任日本的总理大臣，毛利敬亲（1819—1871，日本江户时代末期的大名，明治时代初期的政治家，长州藩第 13 代藩主。——译者注）担任陆军大臣，岛津久光担任海军大臣的话，就会让人怀疑日本是否依然能够赢得甲午战争和日俄战争的胜利。

明治政府的官僚化

就像这样，明治维新的大转换使当时的日本帝国走上了兴盛之路。但是等到大正时代结束，从昭和时代开始，各种各样的问题便不断显现了出来，而所有这些问题的根源就在于政治的官僚化。这并不是说官僚的存在有问题，或者没有必要存在。尽管世间对官僚群体有种种苛责，但是在日本的公务员群体中还是有许多能力突出、廉洁奉公的成员。我现在的学生中就有不少未来的政府官员，他们都是能力突出、志向高远的年轻人。

但是官僚毕竟会有他们的局限性。首先就是"条块意识"，也就是只做自己分内的工作，对其他事情则不闻不问。其次就是墨守成规，当然这也是官僚体系的基本原则，随便改变规则在官僚体系中是不被认可的。但是这个原则又会导致官僚产生惰性和积习。再次就是论资排辈，这个问题也比较严重。在官员中，资历长上自己两年的人，即便过上三十年也仍然是自己的前辈，为了应对这个问题，一个重要对策就是每隔两三年就让官员进行职位调整。

虽然这种体制结构是无奈之举，但重要的是要有懂得如何驾驭这些官僚的政治领袖。按照日本前首相中曾根康弘的说法，政治家要懂得适时斥责和褒奖手下官员。

日本的问题是，整个政治体制都已被官僚化。日俄战争结束后，那些善于任用官员的藩主和元老们慢慢退出了政治舞台，而由原敬和滨口雄幸所代表的政党领袖又深受排挤打击，最终只能由官僚兼任起政治领袖的职责，结果导致"条块意识"、墨守成规、论资排辈等官僚体系的缺陷被原封不动地带到了政治家的世界中。

例如，1936 年（昭和十一年）日本重新制定《帝国国防方针》的时候，日本海军要把美国作为第一假想敌，而日本陆军却要把苏联当作第一假想敌，结果最后只好选择把美苏两国都作为日本第一假想敌的折中方案。本来日本对付美苏任何一个国家都是力不从心的，可是最终却要同时与两国为敌。这种荒唐决定完全是因为决策者们只有陆军意识和海军意识而毫无国家意识。

二战爆发后，日本在制订物资动员计划时，曾需计算陆军、海军和民间各自需要的钢铁数量。但是最终的计算总额超过了日本可配给的钢铁总量。在这种情况下，日本的领导者就干脆假设船舶基本不会被击沉，人为地消减预计中将被美国潜艇击沉的船舶数量，以便使钢铁预估规模能够和实际可供给量相吻合，这种做法毫无全局观念，完全是条块主义时代的产物。

受到日本陆军打压的日本海军，一心想有一名能够与陆军对抗的人来担任日本海军大臣，于是一直安排资格稍长于陆军大臣两三年的人来担任，这种做法说明日本海军分不清国家战略与负责人资历之间的轻重缓急次序，与儿玉源太郎欣然接任参谋次长职位的做法形成鲜明对比。就像这些史实所展示的，当时的官僚意识甚至渗透了整个日本领导层，或者可以说只有具备官僚意识的人才能登上领导者的宝座，这是当时日本的一大缺陷。

一个具有代表意义的例子就是 1941 年就任总理大臣的东条英机。由现役军人担任原本属于文官职位的总理大臣属于特例。自 1916 年寺内正毅陆军元帅担任日本总理大臣以来，日本在二十五年间就再也没有出现过这种情况。但是寺内正毅曾经担任过九年半的陆军大臣和五年的朝鲜总督，是在担任过总理大臣临时代理和外务大臣临时代理之后才当上日本总理大臣的，他既知道怎样进行预算安排，又熟谙如何与其他政治势力打交道，妥协合作。寺内正毅虽说不上是才华横溢，但也是经验丰富。同时，他又是一位得到了拥有丰富人才资源的长洲藩派系支持的藩阀政治家。而东条英机却只担任过一年三个月的陆军大臣，在成为总理大臣之前仅是一名中将，东条英机与寺内正毅之间的差别可以说犹如天壤。

年轻的麦克阿瑟曾经在日俄战争刚结束时访问过日本，二战结束后他又再次来到日本。据说他曾经为前后四十年间，日本的将军们的格局发生了如此巨大的倒退而感叹不已。

二战后的日本人才选拔

二战结束后的一段时期，日本曾经执行过"公职追放"（二战结束后，盟军禁止曾经协助日本军国主义政府发动战争的相关日本人担任政府职务。——译者注），这就使得那些曾在 20 世纪 30 年代非常活跃的政治人物全部被逐出了日本的政治舞台，导致日本政界出现了巨大的人才空白。结果出来填补这个空白的人：一部分是像币原喜重郎（1872—1951，20 世纪 30 年代曾担任日本外务大臣，1945—1951 年期间担任日本第 44 任首相。——译者注）和吉田茂这样的 20 世纪 30 年代资深政治家，一部分是二战后才显露头角的年轻人，也就是说，在让旧人复活的同时又启用了新人。币原喜重郎 1945 年（昭和二十年）就任日本总理大臣时，日本的年轻记者居然都对他一无所知，而资深记者则惊讶道："没想到币原先生还在世。"正是在这种状况下，为了填补人才空白，当时的日本政府不得不实施了大胆的人事政策。

　　吉田茂 1948 年第二次组建内阁时，任命佐藤荣作担任官房长官。佐藤荣作当时年仅四十七岁，刚刚辞去了运输省次官的职务，他甚至连日本国会议员都不是。吉田茂上任第二年就早早地进行了总选举，任命以大藏省事务次官身份刚当选国会议员的池田勇人担任大藏大臣。池田勇人被招到首相官邸时，以为自己将被授予的职位是政务次官，没想到一下子却被任命为内阁大臣，这样的大手笔着实令他吃了一惊。

　　吉田茂将正处不惑之年的池田勇人和佐藤荣作放到了重要职位上，他们最终都成为了下一代的日本政治领导人。在实业界里这样的例子也是不胜枚举。在迫不得已的形势下，像这样以填补空白的形式提拔和选用人才的人才使用模式是战后日本的一大特征。总之，不论是佐藤荣作、池田勇人，还是从"公职追放"中复活的岸信介，以及岸信介启用的福田赳夫等人，不管他们在不在政界里，当时都被视为未来的领导人。

自民党政治的官僚化

　　然而在那之后，自民党内部的官僚化现象却愈演愈烈。

如前所述，"条块主义"、墨守成规、论资排辈都是官僚组织的特征。而自民党官僚化的特征之一就是当选次数至上主义。后来在自民党内部，凡是没有当选过议员的人就不再被任命为官房长官，当选两次的党员才有资格担任政务次官，当选五到六次的人则有资格担任内阁大臣。总之，自民党内部最终确立起了这样一种非常细致的人事任用传统。当然也有例外，不过绝大多数都依照这个传统。

从 1993 年自民党单独内阁倒台时的情况看，当时自民党中当选过七次以上国会议员却不曾担任内阁大臣的自民党党员只有佐藤孝行和浜田幸一两人。只要当选过五到六次国会议员，任何人都能进入内阁担任大臣，为了让大家都有这个机会，大臣职位原则上每年都要进行更迭。由于日本内阁中时不时会有内阁成员因说错话下台，因此大臣的平均在职时间就不是一年，而是十一个月。这么短的时间事实上是完成不了任何重要作为的。而日本首相的在职时间自 1972 年佐藤荣作隐退之后，除了曾经在任五年的中曾根康弘外，大都只有两年，最短的甚至只有两到三个月。

这样频繁的总理大臣的更迭的原因在于自民党内部派阀间的斗争。但是不管怎样，要想保住在自民党内部的地位，首要条件就是连续当选国会议员。当选五到六次就有资格成为内阁大臣；六到七次的话，则能再次担任大臣职务。通过这种途径，政治家便能在自己的派阀中逐步获得更高的地位，但是走到这一步至少需要花上二十年的时间，而二十年已经足以磨灭一个人最初的志向了。

并且在此期间，政治家们还必须始终效忠于自己所属派阀的头领。我经常开玩笑说，这种体制下训练出来的不是领导力，而是服从性。那些二十年里一直都老老实实听从老大指示的人，突然有一天被选拔到领导者岗位上时，大概只会手足无措。在自民党内，像中曾根康弘那样，从进入政界第一天开始，就一直坚持着有朝一日要成为总理大臣志向的人基本上没有几个。

在内阁和内阁大臣不断更迭的情况下，最终真正操控政治的就只有官僚了，再加上自民党本身的官僚化，以及官僚成了制定政策的主体，结果进一步加剧了政治整体的官僚化演变。乃至任何违背先例的重大变革都会遭到抵制。在今天这样一个竞争激烈的时代，日本却造就了一个极其不合时宜的政治体制。

学识是领导者的另一个条件

让我们回顾一下明治时期以及二战刚结束时日本领导

者所具备的条件。我要强调的一个必要条件就是"学识"。所谓学识，并非仅仅是"知其然"，也包括"知其所以然"的能力，以及通过反复训练所积累的经验。领导者自身若具备这些条件是最理想不过的，即便自身不具备这样的条件，也可以通过与具备这两种条件的人深交来使自己耳濡目染。当然最好能够二者兼顾。

例如我的恩师佐藤诚三郎（1932—1999，*日本著名政治学家。——译者注*）就与中曾根康弘先生私交甚密。佐藤诚三郎先生经常被人称为中曾根康弘的智囊和亲信，假若他们仅仅是泛泛之交那绝对是不行的。政治家如果无法对学问心怀尊崇，并以此为媒介来对待学者的话，就不可能与学者之间铸就真正的合作与信赖关系。明治时代的领导者从普遍意义上讲都具有很深的学识素养，让大久保利通真正获得成长的，是他作为岩仓使节团成员周游欧美一圈的经历。让现在人难以想象的是，在明治维新仅仅开始三年后的 1871 年，在整个明治维新最重要的改革环节，也就是废藩置县正式实施还没有半年，相当于日本政府中枢的领导者们居然踏上了历时一年半的欧美旅行历程。对大久保利通而言，那是每天都充满了各种惊异的一年半，他对此有着认真的记录。在将日本与欧美各国进行比较后，大久保利通产生了强烈的羞耻心，深刻认识到日本必须进行转变的重要性。

那个时候，在大久保利通担任日本政治领导者角色的同时，福泽谕吉则担任着日本思想领导者的角色。大久保利通认真拜读了福泽谕吉的著作，虽然最终没能实现，但他还是坦言希望能够得到福泽谕吉的建议。伊藤博文在1882年（明治十五年）为了研究宪法专门到欧洲待了一年零五个月的时间。一名身居总理大臣要职的人居然用一年多的时间到国外去学习，这实在是一件令人惊叹的事情。

当时日本思想界的领导者们同样拥有世界性的视野。或许有人会认为福泽谕吉只在日本有名气，在海外却并非如此。事实上当时世界屈指可数的政治和公法学者洛伦茨·斯坦在阅读了福泽谕吉撰写的一部分著作后，特地写来了热情洋溢的赞扬信。

正是由于福泽谕吉有宽阔的视野，他才能够把握住日本与近代西方列强为伍的同时，实现自身发展这个根本性的问题。这也就使得福泽谕吉的学识能够卓尔不群。

前面我已经说过，所谓学识就是能够知其所以然，这点尤其重要。如"历史"和"地理"这两门学科，如果是历史，就要懂得思考日本现在正处于历史长河中的哪一个

阶段；如果是地理，就要有能力去思考日本应该与哪一个
国家缔结怎样的关系。

福泽谕吉在明治初期就清楚地认识到："从国家特点来
看，日本的发展道路唯有商业一条，但现在支配着整个商
业世界的是英国和美国，而日本又是一个海洋国家，因此，
最佳国策就是通过亲近英美来在通商上着力。"二战结束
后，福泽谕吉的这个理念被吉田茂继承并奉行。吉田茂熟
知西方史和英国史，并基于西方和英国的历史经验为日本
寻找自身的道路。总之，日本曾经有如上所说的这样一些
非凡人物。

对媒体的期望以及战后话语空间的问题

今天的领导者所面临的一个挑战是，领导者在一切言
行都被媒体展露得淋漓尽致的情况下，又必须获得社会大
众的支持。当然，作为领导者必须具备直接向社会大众提
出诉求，赢得共鸣的表达能力。在这里，我希望陈述一下
我对媒体的期望。我希望媒体能够执著地质询领导者以及
领导者的候补人选的理想，并告之社会大众。

例如，野中广务和小泉纯一郎都曾被认为是日本首相

的有力候补者。但是小泉纯一郎对于自己的外交政策却无任何展示，他的主张仅仅集中在邮政储蓄民营化一点上，其他一概不问。对此内容不做任何询问的媒体就具有相应的责任。再看看野中广务，除了要与朝鲜和中国搞好关系外，就不知道他的其他政治主张是什么了。

前一阵子，野中广务做出了一个应该引起关注的发言，即：在一定意义上应该认为集体自卫权符合宪法要求。这个观点与他之前的发言有着怎样的关系，存在着什么样的变化，以及具体政策理论又是怎样的。对于这些问题，日本的媒体本应该认真地调查询问。

在当今这种政治体制下，把职业的政治家与业余的社会大众联系到一起的就是媒体。尽管媒体的职责极其重要，然而我却感到媒体根本没有发挥出应有的作用。

最后我想指出，战后日本的话语空间存在着的两个问题，也是战后日本社会一直受到误解的两个概念。

一个是"国家利益"。二战之前的日本政府就是打着这个概念的幌子使国民遭遇了悲惨的经历，因此很多人都不愿意使用"国家"和"国益"这两个词。所谓国家利益，事实上指的是"国民利益"。这是一个超越了部门利益、企业利益和个人利益的概念。如果没有"国益"这个概念的话，就无法理解"公共"这个概念。

　　但是在对外关系上，又绝对不能把日本利益作为一切。需要秉持一种既重视本国利益，也尊重他国利益的"开放国益"的理念。否则日本将难以描绘出自己的国家目标。

　　另一个是对"民主"这个词的误解。战后日本过分强调重视所有阶层成员的意见，这就导致任何时候做事情都必须得到所有人的同意，哪怕有一个人反对就无法形成决策。领导者往往要么因存在反对意见，要么因无法得到国民认同而不得不放弃决策。

　　民主制度的另一个侧面是，凡是被选举出来的人都会在一定期限内被赋予一定的权力，而且事后必须接受严格的审查。既能让领导者不受束缚地发挥能力，又可以接纳由下至上反馈的意见，只有这样的组合才能构成货真价实的民主制度，才是"民主主义"这个词的本义。

攸关大国兴亡的领导力

保罗·肯尼迪

本文中我将从历史角度着重阐述领导力对于大国的重要性，并对历史上的各种领导力类型进行归类，从中发现对于我们的启示。如果这些对我们思考当前以及未来的领导力能够起到一定的帮助，那么我将感到不胜荣幸。

领导者的个人作用与局限性

我们需要从历史角度去认识领导力的作用以及领导者个人的作用。一名领导者可以给世界带来巨大的改变。纵观人类历史长河，领导者个人的作用与 16 世纪欧洲的兴盛，共产主义的兴起，以及网络革命都有着千丝万缕的联系。然而对此却存在着两种截然相反的认识。

一种是 19 世纪英国的历史学家托马斯·卡莱尔主张的历史伟人论。卡莱尔曾经为普鲁士能征善战的腓特烈大帝撰写过一部精彩的传记，这本传记甚至得到了阿道夫·希特勒的钟爱。1945 年当盟军的坦克逼向柏林的时候，希特勒居然在地下防空洞中让人大声朗诵这本传记给部下们听。

按照卡莱尔的观点，如果没有强大的腓特烈大帝，普鲁士既不可能赢得战争，也不可能存续下来。希特勒同样认为，如果没有自己就不会有纳粹德意志。此外，卡莱尔还醉心于拿破仑和莎士比亚戏剧中著名的古罗马凯撒大帝等英雄人物的研究。他们都是曾经改变历史和创造历史的杰出人物。

与卡莱尔的观点截然对立的是卡尔·马克思和弗里德里希·恩格斯所主张的观点。有意思的是，这两个人与卡莱尔一样，都是从 19 世纪初期一直到中期生活在英格兰的人。马克思和恩格斯认为不管是历史、政治、思想、社会还是文化，所有这些之所以会产生变化，都是由经济基础决定的。他们认为生产活动的类型以及围绕生产活动展开的社会关系决定了世界的构成。

按照这种理论，中世纪的封建制度是由当时的经济结构所决定的，中世纪的社会关系则是以当时的土地所有制为基础。而劳动的类别之所以会根据季节产生变化，也完全是因为当时的经济是以农田和农业为中心。同理，近代工业体系的建立和新城镇的崛起，以及无产阶级的出现和资产阶级的支配地位，也都是由 18 世纪 60 年代开始于英国的工业化革命这个经济基础所决定的。

在马克思的理论中，握有决策权的伟大领导者的作用完全遭到了忽略，根据这种理论，甚至对拿破仑时代的法国政治也是依照阶级关系和经济结构来加以说明。总而言之，历史就是推动世界发展的巨大潮流，而个人的力量微不足道。

这不只是马克思主义才具有的观点。在当今国际关系学中，也存在着以研究历史的"长期周期"为主要方向的学派。这个学派认为国际政治就是以百年为单位所兴起的一种力量均衡的起伏涨消。从 15 世纪的葡萄牙的兴盛开始，到 17 世纪的荷兰对世界的主宰，再到 19 世纪大不列颠的全球支配，最后到 20 世纪的美国，这种力量在不断地转移变化。在这套理论体系中，我们只看得到年份与国家名字的罗列，看不到英雄以及领导者个人的踪影。

这两种观点显然都非常刻板，将历史过度简单化。历史的进程事实上会受到领导者个人有魄力的行动，以及世界潮流二者的共同影响。那么两者之间究竟是怎样的一种关系呢？身处权力宝座上的个人，如何才能对社会产生影响呢？

我认为德国政治家俾斯麦的一段话可以用来作为答案。从 19 世纪 60 年代开始，一直到 19 世纪 90 年代引退为止，俾斯麦一直是一位拥有卓越决断力的世界性领导者。他统一了德国，改变了欧洲的版图，打垮了德意志的自由主义，为德意志之后的发展制定了方向。

俾斯麦退休后，许多对他充满敬意的人都来拜访他，这些访客一直称颂俾斯麦的历史伟绩，评价他是一位"历史伟人"（这里顺便提一句，卡莱尔在得知俾斯麦统一德国，打败法兰西的消息后曾经为之感慨无限）。

但是俾斯麦本人却不同意这种说法，他坚信世间存在着一股足以改变历史和社会的巨大潮流，并将及时把握住这种历史的脉动，顺应历史潮流发展的方向当做领导者的政治使命。他常常把政治领导者比喻为在大风大浪中掌舵的船长。下面我引用的是一段他的原话。

"个人既无法创造时代潮流，也无法为其决定方向，我们只能顺应这种潮流，并基于自身能力和经验掌舵。而根据掌舵者的能力，既有可能让航船触礁沉没，也可以让航船安全地回到港口。"

没有比这段话更能够形象地描绘出历史的因果关系的

了。也就是说，在改变世界和社会的大潮中，依然还是存在着领导者依靠个人能力和判断力发挥自身领导力的空间，也有因个人缺陷造成恶果的可能性。事实上在俾斯麦之后，德国就进入了鲁莽的威廉二世皇帝统治的时代，从而走上了第一次世界大战的错误道路。同样的德国，在这位外交内政皆无能的皇帝的治理下，最终沦为了一个下场悲惨的国家。

个人魅力型的领导力

在此，我把领导力的类型分成三种，每一种领导力都能给现在的我们一些启发。

第一，也是最广为人知的领导力类型就是所谓的个人魅力型领导者。这是一种能够鼓舞社会大众，引导众人走向伟大目标的类型。20 世纪里最有名的个人魅力型领导者大概要算温斯顿·丘吉尔了。但是丘吉尔并非从一开始就是一名伟大的领导者，在 20 世纪 20 年代到 30 年代期间，他也曾经犯过不少政治错误，在 1945 年以后，他也没能再做出任何重要的贡献。正如他的官方传记作者马丁·吉尔伯特所指出的，在二战期间，丘吉尔发挥出了无与伦比的领导力。

在战争期间，丘吉尔将全体英国民众团结到一起，带领他们走向了胜利，并获得了绝大多数中立国的高度评价。他从不会像那些平庸政治家一样，到处夸夸其谈要让民众过上"幸福的生活"。他在 1940 年 6 月就任英国首相时，法国即将落入纳粹德国的魔掌，英军也在战场上连连败退，正是在这种情势下，他对全体英国民众发表了"我能够奉献的就只有鲜血、汗水、努力和泪水了"的演说。这是一场令人极度动容的演说，仿佛是莎士比亚的戏剧《亨利五世》中英国国王在法国向疲惫的士兵们大声疾呼的场面。这是一场堪与后来美国总统约翰·肯尼迪面向美国民众大声说出"不要问国家能为你做什么，而要问你能为国家做什么"的那场演说相媲美的伟大演说。

第二个例子就是富兰克林·罗斯福，他也是一位身处艰难时代的领导者。罗斯福与丘吉尔一样，具有非凡的个人勇气，他与小儿麻痹症进行过殊死搏斗，终生必须靠轮椅才能行动。

富兰克林·罗斯福深知如何展示崇高目标，激发每个人的本能和人性。例如他曾经说过"我们唯一的恐惧就是恐惧本身"这样一句简单明了但意义深刻的名言。他在别的发言中也对人类所应拥有的四种基本自由进行过阐述，也就是免除恐惧的自由和免于匮乏的自由等。他在通过广播向全体美国民众发表"炉边讲话"时，也是用能够令全体美国人感到温暖的语言来引导整个社会舆论的主流，让美国放弃了孤立主义政策。再比如，对于1941年制定的以支援英国为目的的"武器租借法案"，他以向发生火灾的邻居出借消防管为比喻做出了形象的说明。

丘吉尔也同样深谙如何向民众发表谈话的诀窍。而与他们形成鲜明对比的则是希特勒。希特勒非常喜好在盛大的阅兵和纳粹仪式之后，在柏林和纽伦堡的巨大体育场中，站在主席台上向成千上万的听众发表演讲。而罗斯福却选择坐在暖炉旁，冲着麦克风娓娓道来，至于哪一种方式更有效果，自然是一目了然。

第三个例子就是英国女王伊丽莎白一世。伊丽莎白一世是一位身处男性社会中的女性，对此她有着深刻的认识。伊丽莎白一世知道如何激发民众的自豪感，她的时代是一个莎士比亚、弗朗西斯·德雷克（Francis Drake，1540—1596，英国著名探险家和航海家，在麦哲伦之后第二位完成环球航海的探险家。——译者注），以及沃尔特·雷利（Walter Raleigh，1554—1618，英国贵族和探险家。——译

者注）轮番上场，整个英格兰都蓬勃向上的时代。当时的英国国民出于对欧洲大陆各国的独裁统治的反感而组建了代表自身的议会。伊丽莎白一世明白，如果能在不剥夺国民自由的情况下激发他们的爱国心，必然能够赢得民众对君主以及君主制的支持。但是这需要展示自身诉求，赢得大众拥戴的能力。

还有很多这种类型的领导者。例如，南北战争期间的亚伯拉罕·林肯，以及 20 世纪 60 年代主导了法国复兴的戴高乐将军。他们尤为伟大的地方在于能够认清时代潮流，并针对具体状况采取相应的行动，也就是俾斯麦所说的机智敏捷地掌好船舵。这些领导者都以自身强大的勇气，身先士卒地率领民众共赴国难。与此同时，他们又深谙如何团结大众，使其效忠国家。

集体领导力

第二种就是"集体领导力"。尽管这种类型的领导力不是特别受关注，但毫无疑问是一种非常重要的领导力。它不是由某个具有非凡魅力的领导者来决定一切，而是为了实现特定目标由一个集体共同努力的领导力类型。下面我将给出几个具体的实例。

最简单易懂的例子就是美利坚合众国的国父乔治·华盛顿。乔治·华盛顿是一位发挥了杰出的领导力、才华横溢、成为伟大楷模的历史人物。然而起草了美利坚合众国宪法、在美国独立之初的大风大浪中为国家掌舵的却不是某个孤家寡人，而是一个由几人组成的能力非凡的集体。虽然这个集体的所有成员的最终目标完全一致，但是成员之间却常常出现各种分歧、意见和矛盾。例如，围绕着国家财政、国家权力，以及三权分立等问题，他们就曾经有过激烈的对立。由于他们都是基于个人良知而展开争论，因而他们的激烈对立并没有演化成暴力行为。这些建国之初的领导者们堪称是顺应了历史潮流的美利坚这艘航船上的资深水手。

一百五十年之后，一个新的集体领导者群体再次诞生，这就是以杜鲁门总统为核心，由凯南、艾奇逊、罗伯特（乔治·凯南，George Kennan，1904—2005，美国外交家和历史学家，遏制政策的始创人。迪安·古德哈姆·艾奇逊，Dean Gooderham Acheson，1893—1971，马歇尔计划的拟定者，曾担任过杜鲁门政权的国务卿。罗伯特·A·洛威特，Robert A. Lovett，1895—1986，担任过杜鲁门政权的国防部长，被认为是冷战的设计人。——译者注）等人构成的一个伟大团队，这个团队被称作"六贤人"。在冷战之初的未知海域里，"六贤人"团队为美国这艘航船牢牢掌握住了前进之舵。正是因为有了这个团队的贡献，使得1945年罗斯福总统悲剧性的逝世没有造成重大影响。"六贤人"团队的成员都是品德高尚、能力超群、经验丰富的政治家、外交官以及军人，在他们的帮助下，刚上任的杜鲁门总统得以安全地把航船驶回了港湾。

在大约一百年前，日本也出现过同样的例子。当时领导整个日本的是一个由几个能人所组成的团体，也就是"元老"。迈克尔·伯恩哈德教授在《1868年以后的日本与世界》一书中指出，元老是把日本聚拢在一起的"黏合剂"。但是随着议会、军部、国粹主义者，以及社会主义知识分子势力的日益壮大，元老的影响力也随之减弱。但是在从19世纪70年代开始的数十年期间，日本的元老们仍然展示出了非同寻常的开明、谨慎和勇气。当时像中国和俄国等众多非西欧国家正背负着近代化的沉重压力，而日本却在元老政治家们的领导下成功跻身于世界大国的行列。在他们当中影响尤其深远的是山县有朋（1838—1922，日本政治家。历任陆军卿、参军、参谋本部长、内务大臣、农商大臣和内阁总理大臣。日本最有权势的元老之一，对内阁的交替和重大内政外交问题都有重要影响。——译者注），以及与他一道主导日本政治的少数日本政治家们。

还有一个例子就是英国的内阁制度。其中曾经发挥过突出集体领导力的，是在第一次世界大战紧张状态中的劳合·乔治内阁。出生于北威尔士的劳合·乔治灵活而又机智。战争爆发后，他立刻就改变了左翼激进派的立场，为英国打赢战争做出了主导型的贡献。但是他并非是靠单枪匹马的力量主导着英国的政治，在他的内阁成员中还包括了米尔纳（原南亚殖民地长官）、卡森（原印度总督）、巴尔福（前英国首相）、安德鲁劳（英国保守党党魁），以及伯恩斯（工党党魁）等经验丰富的政治家。并且由汉基组建的优秀的官僚机构也为内阁提供了有效的支持。在必要的时候，南非的斯马茨将军等英联邦自治领土的首脑也会参加决策过程。

这是一个经验极其丰富的团队。当时，英国支配着世界四分之一的地区，并卷入了一场英国两千年历史上最大的战争，而在这种状况下担负起了为英国这个狭小岛国制定战略任务的正是这个团队。当然，这并不意味着他们做得尽善尽美。但是，这个领导团队对当时的英国而言可以算是最好的领导机构。

同盟领导力

　　第三种类型就是"同盟领导力"。这是指超过两个以上的国家，超越相互间的各种认知差距，一起追求共同目标的领导力类型。在大多数时候，这个共同目标是指通过战争打败敌对国。因此，同盟领导力也可以说是基于国家之间友好关系的必然结果，在第二次世界大战期间，英美苏三国结成的丘吉尔所谓的"伟大同盟"正是这样一个例子。

　　斯大林建立的共产主义体制在政治意识形态上与西方的资本主义势同水火，这也就是英美苏在打败了共同敌人之后，却又基于这种差异而陷入相互对峙的冷战态势之中的原因，甚至连英美两国之间也会围绕着英国的殖民主义、地中海的军事战略、资金援助、美国的贸易传统等问题产生激烈的意见对立。但是当时为了能够取得战争胜利，英美苏三国都认识到必须把相互间的差异暂且搁置到一边。尤其是英美两国，甚至为此组建了共同指挥部，在谍报、运输活动和实际军事战斗中进行了紧密的合作。依靠这种合作体制最终得以顺利地建立了北约，为之后的英美两国领导人留下了宝贵的遗产。

第二个例子就是里根总统和撒切尔首相。他们两人在政治上有诸多共同点，两人都不相信"大政府"，主张解散工会，实行减税，认同和鼓励创业家，并都对苏联持强硬态度，力主增加国防费用。然而最早意识到可以和戈尔巴乔夫打交道，并推动了冷战结束的也正是他们二位。

英美两国的这种关系是和平时期的同盟。当英国为了争夺福克兰群岛（马尔维纳斯群岛）与阿根廷开战时，撒切尔夫人知道，正是基于这种"特殊关系"，她才能够从里根总统和温伯格国防部长那里得到"特殊的资源"。在1990年爆发科威特和伊拉克危机时，撒切尔夫人也是运用了和丘吉尔一样的雄辩术说服了布什总统，令美国针对伊拉克的侵略行径采取了毅然决然的态度。

此外，还有一种完全排除了军事目的的和平时期的同盟，也就是在没有具体敌人的情况下，基于共同目标而缔结的同盟。莫内和舒曼（让·莫内，Monnet，1888—1979，法国外交家，毕生推动欧洲的统一运动。罗伯特·舒曼，1886—1963，法国前总理，与莫内一道被称为"欧洲之父"。——译者注）就是这样的例子。他们两人在1945年以后推动了欧洲经济和政治的统一，促使法国、德国、意大利、比利时等欧洲国家共同缔结了《罗马条约》，从而催生了欧盟。

在长达一千年的历史岁月中不断相互厮杀的这些国家之所以能够走到一起，是因为当时不可阻挡的时代大潮。第二次世界大战的战火刚刚平息，为了实现经济的复苏，这些国家必须进行相互合作，同时它们又共同面临着冷战的威胁。如果没有相关的领导人物在其中发挥领导力的话，欧盟的统一不可能实现。

与欧盟的统一形成鲜明对比的，是一个同盟领导力的失败案例。1919 年主导缔结《凡尔赛条约》的各个大国所选择的妥协政策就是这样一个例子。当时的美国总统威尔逊、英国首相劳合·乔治、法国总理克里孟梭、意大利总理奥尔兰多在各自国家的内政和外交政策上都是优秀的政治家，可是在巴黎和会上，这些国家的主张却产生了严重的分歧，又因第一次世界大战刚刚结束，战争造成的创伤尚未抚平，所以基于《凡尔赛条约》所获得的和平最终没能维持多久，这一点与一个世纪前的 1814 年的维也纳会议完全相同。

在第一次世界大战之后的欧洲，民主主义不断高扬，经济极度脆弱，社会一片混乱。早期法西斯主义开始抬头，美国议会又正在试图罢免威尔逊总统，这样一种同盟领导力的失败所造成的恶果最终耗费了二十世纪很长一段时间去收拾残局。

领导者必须具备的五种资质

从上面这些历史经验中，针对当前以及未来的领导力，我们能够得出怎样的经验和教训呢？今后的世界有可能会发生经济和金融危机，地区冲突有可能进一步激化，新旧大国在世界格局中势力的此消彼长也完全可以预见得到。人口问题和环境问题在极大程度上将会动摇整个人类社会的基础，非法组织或许将获得大规模杀伤性武器。

如果这些问题不是突然爆发，那自然是再好不过的事了，但是我们不能忘记，1919 年聚集到凡尔赛的那些领导人也根本没能预见到，仅仅在数年之后全世界就爆发了严重的危机。当时，英国等国家都认为至少十年之内大国之间不会爆发战争，并以此为前提制定了各国的国防计划。

我们无法预测将来的事情，甚至连今年之内会发生怎样的危机也是一无所知，正是基于这一种客观现实，下面我将逐一列举今天的领导者必须具备的五种资质。

第一是理想。正如《圣经》中所说的，没有理想的人必然堕落。我们需要能够基于崇高理念，为我们明确描绘出美好未来和正确目标的领导者。就像提出"四种自由"的富兰克林·罗斯福，以及做出《我有一个梦想》演说的马丁·路德·金这样的领导者。

只有理想还不够，这有可能只是令大众受到蛊惑的救世主般的高谈阔论，或者是让人难以捉摸的乌托邦式的理想而已。然而，只有当领导者向众人描绘出一个美好未来的愿景时，领导力才开始有了真正得到发挥的可能，否则只会令人感到无所适从。

第二是勇气。我们前面提到的这些优秀的领导者全都是敢于承担风险的人，包括政治风险、身陷险境的风险、军事风险以及遭到批评的风险等。比如伊丽莎白一世，她几乎很少为如果英国被西班牙的无敌舰队打败，自己的命运将会如何这样的假设而烦恼过。俾斯麦在 1866 年夏天即将与奥地利开战之际，对于战局也是没有任何把握，怀有巨大危机感的他甚至做好了在最糟的情况下买通当地农民潜逃的准备，据说他在自己的荷包里已经事先放好了所需要的金币。

美国建国之初的领导者们在与英国开战的时候也是冒

了巨大的风险。当年丘吉尔在抨击绥靖政策的时候也是如此，因此导致了他在前后十年的岁月里遭到了政治上的孤立。戴高乐将军当年在进行自由法兰西运动和解决阿尔及利亚危机时也面临着各种各样的风险。所有这些领导者都是在承担了风险之后，才真正认识到领导者需要具备的勇气并采取行动的。

第三是认清历史发展方向的洞察力，也就是前面提到的俾斯麦所说的顺应时代潮流的能力。在 19 世纪 60 年代，俾斯麦察觉到了德意志民族意识的高涨以及德意志范围内各国经济关系日益加深的时代潮流，这就是促使德意志走向统一的时代潮流，而俾斯麦正是站在了这个潮流的前沿，主导了这场潮流。

莫内同样是一位具有远见卓识的领导者。第二次世界大战结束后，他痛感欧洲统一的必要性，意识到了西欧十五个国家与其各自进行战后重建，不如团结在一起，共同实现复兴。在美苏两个超级大国的夹缝之中，如果欧洲继续保持四分五裂状态的话，将无法在世界舞台上确保足够的影响力。同样，富兰克林·罗斯福也把握住了 20 世纪 30 年代经济萧条时期的时代要求，为了应对经济萧条和法西斯主义，他认识到政府必须激发全体国民的活力。

第四是组建同盟的能力。这包含与国内不同势力结盟和与他国结盟的两层含义。仅靠一位领导者或者一个国家终究难以成就伟业，因此构建一个由志趣相投的人或者国家组成的同盟也就不可或缺。

为了结盟，首先必须能够说服对方，让对方认识到彼此拥有相同的目标，也就是哈佛大学教授约瑟夫·奈所说的软实力。这就需要领导者具备敏锐的感觉与高超的应对艺术能力，同时还必须能够理解对方的文化和政治背景。

第五是为了实现目标而善于利用国际机构的能力。我们身处一个相互依存的世界中，即便是最强大的国家也深知在联合国得到安理会常任理事国、G7 会议的支持，以及世界银行、世界货币基金组织和北约协助的必要性。如果实在找不到合适的国际机构，也可以自己去创立。1944 年到 1945 年期间，美国和英国正是采取了这种做法。

日美两国所需要具备的领导力

在当前局势混沌，21 世纪刚刚拉开帷幕的时候，上述五项资质和才能全都是领导者的必备条件。同时，为了应对包括地球变暖在内的众多现实挑战，一个由许多志向相

投的国家组成的同盟必不可少。美国仅靠自身的力量无法
应对这些挑战，而必须获得世界各个地区众多国家的支持，
同时也需要得到各个国际机构的支持。要成为一个贤明的
总统就必须具有高超的外交手腕，能够及时把握状况和时
机，争取到世界各国的支持。

在领导者的资质这个问题上，反而是日本方面面临着
更大的挑战。因为这是一个敏感的问题，所以我不想用太
直接的语言来表达我的看法，但是日本的政治领导人是否
同时具备了这五项资质实在是一个值得怀疑的问题。在日
本的政治土壤上，我们不清楚有没有可能催生出类似于罗
斯福的理想、丘吉尔的勇气、莫内的协调性、乔治·马歇
尔所展示的那种赢得同盟国的口才，以及艾森豪威尔那样
善于灵活运用国际机构的手腕。当然，这些对任何国家领
导者而言都是苛刻的要求。我本人并不认为日本能够不断
产生符合这些要求的领导力，至少这种领导力很难在日本
的政治舞台上明确地体现出来。

日本能与他国进行积极合作却从不主动采取行动，这
才是我们应该担心的地方。日本几乎没指出过世界应有的
发展趋势，也很少有机会在国际机构中发挥领导力，尝试
国际协调和主导国际同盟的机会也很少。之所以会这样，

或许与历史有一定的关联。二战前日本政治家草率荒唐的做法给现在的日本政治家心中留下了阴影，使得他们畏缩不前。

我希望这种状态能够早日结束。面对国际社会中的各种问题，日本也应做出应有的贡献。世界各国也都期待日本多少能明确自身态度，拥有远见和坚定的意志，从传统的桎梏中摆脱出来。日本到了向前迈出一步，踏上国际舞台的时候了。

第三章

理想的领导者

人格对于领导力的重要作用

稻盛和夫

领导者必须具备高尚的人格

人类社会是由小到社区、学术团体、志愿者组织，大到国家这样规模高达数亿人的各种各样的集团所构成的。任何组织，其命运都掌握在领导者手中。

对于领导者的资质，中国明朝著名思想家吕新吾在他的著作《呻吟语》中写到，"深沉厚重，是第一等资质"。也就是说，领导者最重要的资质就是要具备深层次地思考事物的厚重性格。我相信大多数人对于"领导者需要具备的首要条件就是高尚的人格"这个观点都会表示赞同。

吕新吾在《呻吟语》一书中还写到，"聪明才辩，是第三等资质"。这句话就是说，头脑聪明、才华横溢、能言善辩只不过是第三等资质而已。

然而现在不管东方还是西方，凡是成为领导者的人基本都只具备了吕新吾所说的第三等资质，也就是"聪明才辩"。这类人才作为官吏，确实能够发挥作用，他们是否真的具备了杰出领导者所应拥有的人格，对此我们就不得不表示怀疑了。

我认为，当前在全世界范围内都出现了社会意识的堕落，其根源在于，那些只具备了第三等资质的人占据了领导者的位置。为了构筑一个更加美好的社会，就需要选拔录用吕新吾所说的具备第一等资质的人，也就是让拥有高尚人格的人担任领导者职务。

"人格"即便是先天性的存在，但并非永恒不变。事实上，一个人的人格会随着时间的推移产生变化。有的人具有与生俱来的高尚人格，有的人却并非如此。就算那些生来便具有高尚人格的人中，也很少有人能够毕生都将自己的美好人格保持下去。

之所以会这样，是因为一个人的人格会根据社会环境和经济环境的不同，在善与恶之间摇摆不定。例如，那些勤勉谦虚的人一旦登上了权力的宝座，整个人往往就会产生变化，开始心生傲慢，乃至晚节不保。这样的例子在现实中不胜枚举。同时也有一些人前半生曾经胡作非为，受到某些事情的触动后却能洗心革面、任劳任怨，在晚年成就了灿烂的人生。

铸就了自身非凡人格的二宫尊德

由于人格是一种不断变化的存在，我们无法仅凭一时的人格状态来判断一个人是否有资格成为领导者。那么我们究竟应该用怎样的标准来挑选领导者呢？

为此，我们需要思考"人格是如何形成的"，"怎样才能让人格得到升华"这两个问题。

我认为通过日常劳动就能让人格得到升华，也就是说，"勤勤恳恳地工作不仅是为了获取生活的食粮，同时也是为了提升我们的人格"。

我相信在任何社会里都能找到实践这种理念的人，作为一个典型，我想举出二宫尊德的例子。以下内容摘自内村鉴三（1861—1930，日本思想家。——译者注）的著作《代表性的日本人》。

二宫尊德出生于江户时代末期的一户贫困农民家庭，幼年时父母离世被伯父收养，为了不成为伯父的负担，他从小就在田地里拼命劳作。

二宫尊德专注于荒芜土地的开垦，从天还没亮的清晨到天空出现星斗的夜晚，他一直都全身心地投身到田地的耕耘之中，一年 365 日从不休息，最终开垦出了丰饶的农田。作为勤劳和节俭的楷模，他赢得了左邻右舍的尊敬。

看到这般景象，那些为贫困所扰的近邻，以及附近村落的人们全都来向他讨教过上富裕生活的方法。二宫尊德的名声日益高涨，最终连他所在地的领主以及其他地方的领主也都来要求他去给那些贫困村落进行指导。

二宫尊德认为自己所做的不过是努力劳动而已，所以开始他并没有接受这些请求。对于要求他去拯救那些贫困村落的恳切愿望，二宫尊德实在无法拒绝，只好答应下来，并将一个又一个贫穷的村落改造成了富饶之所。

在重建那些由于荒芜而人口减少、人心颓废的村落时，二宫尊德并没有使用锦囊妙计，他只是怀着"至诚所感，天地为动"的强烈信念，亲赴那些荒芜之地，手持一把铁锹，披星戴月、日复一日地带头辛勤劳作。这种身先士卒、勤恳劳作的做法让那些贫困的农民们真正懂得了辛勤劳动的意义和重要性。

在这个过程中，他也曾经几度遇到各种各样的阻碍，有的地方官员和村民对他持有抵触心理，对于这些人，二宫尊德都是以宽容和真诚的态度予以对待。

有一次，由于村民对他产生了不满情绪，使得教化工作无法再继续进行下去。这时二宫尊德的想法却是，"上天是在用这种方式来惩罚我缺少足够的诚意"，于是突然从村子里消失了身影，这时村民们才开始四处寻找二宫尊德。数日后，大家得知二宫尊德在远处的一座寺院里。二宫尊德为了让自己具备足够的诚意以便引导村民，正在寺院里进行二十一天的辟谷修行。没有了二宫尊德的村庄立刻失去了秩序，整个村子陷入一片混乱之中。等到他被村民们重新迎回村落后，混乱的状态马上就得到了平息。

就这样，不管遇到任何困难，二宫尊德都是以满腔诚意予以解决。他指导过的所有村庄的荒地都变为了良田。我们可以认为，二宫尊德之所以能够取得这样的成就，是因为他为了村民们的利益不懈努力、全心奉献的身影感动了上天的缘故。

为了感谢二宫尊德把那些荒芜的村落彻底改变的功绩，当地的领主任命他为自己的家臣，给予与武士同等的待遇，让二宫尊德住到了城里。这在身份制度极其严格的那个时代，可以说是一件非同寻常的事情，也是一件极其荣耀的事情。

一直到晚年为止，二宫尊德复兴了无数村落，最终得到了江户幕府政府的重用。当二宫尊德第一次进入江户城时，尽管他出生于贫穷农民家庭，没有接受过任何教育，但是他的行为举止尽显高贵气质，与那些出生于达官显要家庭的贵族们毫无两样，不输给任何接受过上流教育的武士将军。二宫尊德可以说让众多和他打过交道的高官显贵们都产生了尊敬和信任之感。

就像这样，二宫尊德通过毕生努力劳动让自己的人格得到了巨大升华，最后得以成就诸多伟业，并在从上流贵族到贫穷农民的各个阶层中赢得了崇高的威望。

总而言之，二宫尊德不是凭借学问与知识，而是通过至诚劳动铸就了自身的杰出人格。二宫尊德并不曾得到他人的指点，而是在自己认真勤勉的劳动过程中懂得了"人所应该具备的正确姿态"和"立身处世何为正确"的理念，并付诸实践。

事实上，二宫尊德经常爱说的话是，"宇宙间存在着我们应该遵循的自然法则"，"天地无时无刻不在运转，我们没有办法去阻止万事万物的成长，如果我们遵循这种永远成长的法则辛勤劳动，贫困就不会降临到我们身上"。

在日复一日的认真劳动和刻苦勤勉中，二宫尊德认识到了这样的真理，并付诸实施。正因如此，他才得以将众多村落从贫困中拯救出来，乃至连他的日常行为举止也能像"真正的贵族"一样卓然超群。这正是为贫苦农民奉献一生的二宫尊德的活法。

真正的人格只有通过日复一日的劳动才能形成

本文的开头，我提出了"领导者必须具备高尚的人格"和"由于人格是一种不断变化的存在，我们无法仅凭一时的人格状态来判断一个人是否有资格成为领导者"的观点。

按照这种理念，应该被推选为领导者的人必须是那些在人生的大部分时间里都专注于自身工作，一直到悟到真理为止都在不断提升自身人格的人。也就是说，必须是那些通过自身体验领悟到"立身处世何为正确"的道理，并能不断付诸实践的人。

这样的人即便在成为领导者时，也依然不会堕落和懈怠，依然保持努力工作的态度，进一步把自己的人格向上提升。这样的人能够为了集体而牺牲自我，不断拼搏。我们应该让这样的人成为领导者。由这类具备高尚人格的领导者所率领的组织一定能够获得不断的发展。

　　佛教把我们这些凡人所遵循的提升心性、塑造人格之路的终极目标称之为"开悟"。佛陀告诉我们，为了达到最终的"开悟"，就必须进行被称为六波罗蜜的修行。

　　所谓六波罗蜜，第一是精进。也就是要认认真真、努力地度过自己的一生。为此我们必须全力以赴地投身于工作中，这让我们在获得了生存资粮这一报酬的同时，又提升了我们的人格，打造了崇高的心性，获得了美丽的心灵。

　　第二是持戒。也就是说不做那些不应该做的事情。不管是基督教、佛教还是其他宗教，对此都专门做了规定。我们应该严格遵守这些作为人应该遵从的最基本戒律。当我们犯戒时就要进行反省和忏悔，改正所犯下的错误。

　　第三是布施。也就是为他人奉献和帮助他人的意思。帮助他人的理念源自于对他人的宽容和体贴之心，如果能够怀揣一颗关爱之心帮助他人，则必然能够让我们的人格得到升华。

　　第四是忍辱。也就是忍受那些不堪忍受的事情。在漫长的人生道路上，我们会遭遇各种各样的苦难，为此我们必须学会忍耐。

　　第五是禅定。我们一天至少要有一段让自己去除杂念、保持心灵的平静的时间。这对于净化心灵能够起到巨大的作用。

通过以上五种修行，我们便能领悟到符合自然规律的真理，而这就是第六波罗蜜——智慧。

正如前面所提到的，人格是一种随着时间推移而不断产生变化的存在。因此我们推选的领导人，就必须是那些不管环境如何改变，都能坚持奉行上述六项要求，不断努力提高和锤炼自身心性与人格的人。

如果今后能不断涌现出具备这种杰出人格的领导者的话，那么我坚信人类在 21 世纪里必将拥有光明的未来。

乔治·华盛顿的人格

戴维·阿布希尔

人格对于领导力的重要性

克林顿总统与白宫实习生的丑闻给我们提供了一个思考领导者人格的机会。对于领导力的思考原本属于专业领域的课题，但是现在却在全美范围内得到了广泛展开。将总统的私人人格与公共人格进行对比，探寻哪一方更重要，这样的一个抽象问题居然成了一个引起如此广泛关注的话题，这实在是一件比较罕见的事情。进入 1998 年以来，不管是在权力中枢，还是在街头的咖啡店里，各个阶层的人都在从伦理角度对于作为领导者的美国总统展开热烈的讨论。总之，对领导者而言，也是一场关于"应该怎样做人"和"应该怎样做事"哪一个更关键，"领导者的个人道德"

和与之非常接近但是仍然存在少许差异的"人格"哪一样更重要的讨论。克林顿先生作为引发这场大讨论的导火索的总统会一直被后人提及。

根据 1998 年 9 月在全美范围内进行的舆论调查，认为"总统应该成为伦理道德模范"的人只有 21%，65% 的受访者的回答是"总统更重要的任务是有效履行自身职责"，也就是说大多数人都认为能力优先于人格。

此外，相较于能力，人气要更加受到重视。在当今社会里，"名人"比"英雄"更受追捧，人气度已经成为衡量一个人价值的标杆。与业绩、人格，以及诚实度相比，博取人气胜于一切这种典型的体育界和演艺界的判断方式现在已经成为评价所有公众人物的标准。这最终导致对于总统是否应该成为道德楷模，以及在具备了公共人格的前提下是否需要继续固守私人人格的疑问的产生。

如果我们回顾伟大的美国首任总统乔治·华盛顿，通过审视他的人格与行为就会发现，现在流行的这种评价标准是完全不能成立的。对乔治·华盛顿而言，人格与行为是一个不可分割的整体，现在这种将二者区分开来的讨论并不恰当。正是基于华盛顿的人格和行为，才使得美国能够打赢独立战争，建立合众国，制定美国宪法。这也是他成为美国第一任总统的决定性因素。

正如历史学家迈克尔·贝施洛斯所指出的那样，美国建国之初的领导者们认为"总统并不只是党派的领袖，同时还是国家的元首，因此选民们必须依照乔治·华盛顿的传统来判断总统候选人是否合格"。至少从历史角度来看，华盛顿代表了理想的总统。

在此我想指出的是，"华盛顿的领导力的核心就在于其完美的人格"。正是依靠他的个人人格，才使得在福吉谷（美国独立战争期间华盛顿的军队度过寒冬的地方）的士兵们获得了巨大的鼓舞，并在后来使美国宪法得以通过。乔治·华盛顿不仅成熟老练，同时又拥有让自己不断成长的度量，而这正是其他美国总统所不具备的华盛顿独有的人格特征。

建国前后的美国曾经数度陷入走投无路的绝境之中，面临灭亡的危机。有的时候，人类历史会因为非常罕见的低概率事件而发生巨大的变化。正如肯尼斯·克拉克（Kenneth Clarke，1940—，英国政治家。——译者注）对于几乎导致人类文明面临毁灭性危机的中世纪黑暗时代所描述的那样，人类是"差一点就没能避免灭亡的下场"。美国同样是在漫长绝望的独立战争期间，以及宪法制定会议即将崩盘之际，都是在千钧一发的状况下才找到了突破口，获得了转机。在这些紧要关头，华盛顿都起到了决定性的作用，正是因为他的存在，才避免了之前的所有努力最终化为泡影的命运。

华盛顿并非是拿破仑或者罗伯特·李（Robert Lee，1807—1870，美国军事家，在美国南北战争中担任美国南方邦联军总司令。——译者注）那样的杰出将才，但是我希望大家回想一下在法国印第安人战争（法国印第安人战争是一场大英帝国殖民地和法国殖民地军队于1754—1763年间发生在北美的战争。华盛顿在这场战争中加入英军参加过战斗。——译者注）中，当布雷多克将军（爱德华·布雷多克，Edward Braddock，北美英军总司令。——译者注）吃了败仗之后，当时还是上校的年轻华盛顿虽然军服上被子弹打了四个洞，可是身体毫无损伤。这样的身姿正是率领美国度过了独立战争和制宪困局险境的华盛顿的最佳象征。

向失败学习

一般人存在着认为华盛顿天生完美的误解。对美国的小学生而言，华盛顿只不过是高高挂在墙上的一幅冷冰冰的画像，或者美术馆里索然无味、毫无表情的大理石半身像。梅森·威姆斯（Mason Weems，1759—1825，*美国书商和作家。——译者注*）为了给华盛顿过于高洁的形象增加一点人情味，甚至还杜撰了他砍倒樱桃树的逸闻。威姆斯之所以这么做，完全是因为如果华盛顿是一个毫无缺点，像上帝一样过于高洁的存在的话，就难以成为普通人的楷模，难以令众人效仿。然而，即便像神话人物的华盛顿，也曾有过与凡人相同的困惑。

华盛顿并非生来就完美无缺，他的人格同样经历了一个形成过程。年轻时的华盛顿个性很急，也有着不足为外人道的贪欲。由于出身贫寒，最早时华盛顿作为一名测量技师没日没夜地辛勤工作，一心要扩大自己拥有的土地规模。他也曾怀有野心、活力和永不满足的欲望，并且也具备了善于抓住机会的才能。华盛顿在担任英国殖民军军官的时候很不安分，成天纠缠自己的上级——任弗吉利亚洲副总督的罗伯特·丁威迪，要求给予自己与英国正规军同样的薪酬。那时的华盛顿完全是一个麻烦制造者。

华盛顿当上指挥官后，一开始就违背命令与法军交战，导致了法国外交官的死亡，进而引发了一场国际纷争。后来他又在内塞西蒂堡被打败，只得向法军投降，当时伦敦的报纸对华盛顿这种独断专行的行为进行了大肆批判。如果像现在的军队这样，军官的出路要么是留在军队中得到晋升要么只能退伍的话，像华盛顿这种年轻军官的职业生涯大概早就结束了，尤其是在遭到媒体猛烈抨击的情况下更是如此。

在华盛顿的那个时代，军官即便暂时打了败仗，依然能够再次得到机会，因此华盛顿才得以从自己犯下的错误中汲取教训，实现了自身的成长。也正是由于华盛顿能够在一场重要的失败中重新站了起来，他才能够忍受后来几次战役失败的煎熬，并制定出了新的战术。

法国印第安人战争期间，在布雷多克将军进攻宾夕法尼亚一年后，华盛顿上校向将军建议，如果采取正面进攻的战法，就有可能输给那些像印第安人一样潜伏在树丛后面的敌军，然而布雷多克将军却没能听取华盛顿的建议。最终，战斗的失败证明了华盛顿的正确，同时也成为华盛顿的又一个重要教训。华盛顿坚信：失败的经验必定能为将来的正确行动奠定基础。之后，他发明了针对消耗欧洲正规军最有效的北美开拓者式的游击战法。

根据詹姆斯·托马斯·弗莱克斯纳（James Thomas

Flexner，美国历史学家，华盛顿传记的作者。——译者注）的说法，华盛顿曾经从被迫撤退的大陆军那里学到了机动性的重要性。事实上，布雷多克将军的失败完全是由于接受过严格训练的正规军在没有得到上级命令的情况下不敢擅自撤退的结果。

确保自制力

对于年轻华盛顿的人格形成起了关键性作用的，除了向失败学习外，还有就是对个人感情的抑制。华盛顿曾经热恋上嫁给了他远亲的且年长他两岁的美貌女子萨莉·费尔法克斯，并为他们之间的这种感情而苦恼。他们两人之间关系亲密，有众多的书信往来，然而却没有任何证据显示他们之间的关系超越了不应有的关系底线。华盛顿始终在压抑自己的欲望，这也正是成熟人格的最佳证明。

法国印第安人战争结束后，华盛顿上校又重新回到了农庄，过上了普通人的生活。在此期间，他阅读了大量书籍，获得了知识层面上的成长。虽然华盛顿无法与他同时代的梅森、汉密尔顿或者杰弗逊那样的伟大思想家相媲美，但是正如哈利·杜鲁门所说的那句名言一样，"并非所有的读书人都能成为领导者，但是领导者却都必须是读书的人"。作为农庄的经营者，华盛顿通过各种各样的商业交易练就了与他人打交道的能力，并得到众人的爱戴与尊敬，这也成为他的领导才能的一个重要基础。

对华盛顿而言，奴隶也是人，因此在对待手下奴隶时他都非常仁慈，甚至考虑过要解放自己的奴隶，并对他们之中的那些老弱病孺予以照料。同时，华盛顿又为"如果没有黑奴的话，该如何在他所热爱的弗农山庄生活下去"的问题所困扰。在 18 世纪弗吉利亚的那种时代和环境中，实在找不出解决黑奴问题的现实方案。华盛顿最终决定要解放黑奴，是在他妻子离世之时的事情了。

这也可以看作是一个"死亡给心灵带来的改变"，或许这个决定的影响很小，时机也有些晚，但考虑到美国的黑奴制度在此之后仍然延续了很长一段时间的话，那么华盛顿的这个决定在当时那个时代所表现出的良心上的反抗，仍然值得我们大书特书。华盛顿对自己的生活怀有感伤，通过大量的旅行和各种体验，他得出了一个具有预见性的结论，那就是他对友人所说的，"美利坚合众国要想永远存续下去，就必须废除奴隶制"。

弗农山庄的农场经营让华盛顿获得了显著的成长，这表现在他对奴隶的人道对待。曾经野心勃勃、喜欢到处惹是生非的华盛顿，却改头换面变成了一位能够公平对待他人的农场经营者。他与近邻们友好相处，担任起了众人的调停者角色，同时又具备了坚强的忍耐力，变得非常善解人意。

道格拉斯·弗里曼（Douglas Freeman，*美国历史学家，传记作家。——译者注*）曾经写到，"位于人先则必先奉侍于人的教诲，在历史上已经得到了华盛顿的亲身验证"。用现代的话讲就是要当一个"奉献型领导者"。当年那个与丁威迪副总督闹个不停的年轻少校终于完成了惊人的转变，懂得了如何谦虚待人。在1775年6月，华盛顿被美国国会全体议员一致推选为将军并担任美军最高司令官的时候，他甚至表示"自己不配拥有这样的名誉和地位"，并宣布不收取任何薪酬。如果丁威迪能活着看到这一切的话，想必一定会惊讶不已。

华盛顿并非生来完美，但是他通过不断超越失败，学会自我控制，从而得以发挥出奉献型的领导力。

得到士兵仰慕的华盛顿将军

近代以来，有不少总统卷入包括丑闻在内的各种危机中。他们大都有不够成熟的地方，无法从个人情结中摆脱出来，不知道如何从失败中汲取教训，没能把国家放在优先于自身的位置之上。反观华盛顿，他在指挥美国独立战争之前就已经具备了这些品德。

在独立战争期间，处于绝对劣势的华盛顿将军在万般无奈的情况下采用了"法比乌斯"战略。法比乌斯是古罗马的将军，他通过持续的拖延战术令强敌汉尼拔尝尽了苦头。然而接任法比乌斯的将军却改变了这个作战方针，与汉尼拔进行直接对抗，结果在有名的坎尼会战中败给了汉尼拔。

华盛顿深知若采用欧洲大陆盛行的那种战术，那么缺乏训练、人数有限的美国军队必然会遭受灭顶之灾。于是他就像法比乌斯一样，在北美殖民地四处展开佯动作战，等候敌军疲惫的时机。华盛顿只在占有先机或万不得已的情况下才与敌人正面交锋。通过这种方式，避免了重蹈坎尼会战的覆辙。

但是这种作战方式却让他精心培植起来的声誉多少受到了一些损害。在一直到福吉谷度过严冬的三年期间，华盛顿指挥了七次比较大的战斗，其中五次都以惨败告终，这就使得美国国会喷涌出大量对他的批评，同时还有部下的严厉指责。不过在这里需要指出的是，当年古罗马的法比乌斯也曾遭到过同样的批评。

华盛顿在遭受布兰迪万河战役和日耳曼敦战役的惨败后，移师福吉谷，而严冬正在这里等候着他那些衣衫褴褛士兵的到来。在华盛顿的军队中，有的士兵甚至不得不光着半个身子在严寒中颤抖不已。由于后勤军官的无能，食物也出现了严重的匮乏。为此，华盛顿向后方写信表示"如果断粮，我军要么将因为饥饿而灭亡，要么就会四分五裂"。然而在萨拉托加战役中大获全胜的盖茨等将军却假装不知，并试图逼迫华盛顿辞职。

在这种状况下，士兵们又是如何熬过困境的呢？

一言蔽之，华盛顿的存在起到了极大的作用。华盛顿依靠自身的人格赢得了士兵们的尊敬。美国人一般不仅重视领导者的经历，对于领导者的个人资质也同样在意。1778 年 6 月，在马默斯战役中能够制止军队败退的，正是拥有一米九零伟岸身躯，安坐在战马之上的华盛顿。正是华盛顿的存在，美军才得以重新集结了由于无能的查尔斯·李将军的失败而四下溃败的士兵。

法国的拉法叶侯爵对此评论道："华盛顿将军看上去似乎只是抓了幸运的机会……但正是他的存在才遏制住了美

军的进一步退却……当时我就觉得从来没见过像他那样了不起的人，现在我仍然这样认为。"道格拉斯·弗里曼也写道："作为战役的指挥官，华盛顿将军从来没有像那一刻那样超凡绝伦。"

即便是在战场的局势得到扭转之后，华盛顿在战场上仍然是败多于胜。为了振奋士兵和美国民众的士气，赢得他们的支持，他提出了"人民战争"的口号。当然，华盛顿的这种提法实际上是为了"就算无法获得显而易见的胜利，至少大家不会因此来责备我"。然而华盛顿的存在终究还是起到了关键性的作用。许多美国男人在得不到什么好处的前提下，依然再次自愿服兵役。如果不是出于对华盛顿的信赖和尊敬，当年的美国是无法进行那样一场消耗大量兵员，结果却遥遥无期的战争的。

当然，华盛顿的优柔寡断也使得美军不断撤退。由于他过于依赖手下将军们的意见，因此士兵们对华盛顿确实也怀有不满情绪。然而在约克敦他及时抓住了机会，同时又赢得了法军的合作，于是美军一鼓作气确保了战场上的优势，最终取得了压倒性的胜利，这也是一个不争的事实。

作为战术家和战略家，在马伦哥战役和奥斯特里茨战役中赢得了辉煌胜利的拿破仑·波拿巴要更加优秀，拿破仑的才华并不仅限于军事领域，他在其他领域中也是才华横溢。然而正如众所周知的，由于拿破仑无法自我控制的性格，以及极度自我中心的个性，使得他最终失去了自律心，贸然进攻俄罗斯，令无数士兵无谓地牺牲在了异国他乡，也给他自己带来了灭亡的命运。拿破仑的命运就此急转直下，最后在滑铁卢为他自己和法国的彻底失败敲响了丧钟。与拿破仑形成鲜明对比的是，尽管华盛顿作为一名将军显得有些拙劣，但他最终却取得了约克敦的胜利，让美国得以诞生。

阻止了军队叛乱的华盛顿的身影

如果说在马默斯，华盛顿展露出了一名军事首领的灿烂光环，那么他在纽堡截然不同的情况下，则展示出了令人感动的气场。

在美国独立战争刚刚结束之际，是华盛顿的人格与存在平息了一场因为联邦政府不支付军饷而几乎引发的军队叛乱。1783 年 3 月，在担忧军队将会采取反叛行动的情况下，华盛顿亲赴纽约州纽堡的一间教堂接见了他手下的军官们。当时那些军官认为华盛顿会站在自己一边，至少不会妨碍他们的反叛行为。这群军官正打算向美国国会递交一份态度激烈但没有署名的意见书。军官们心中充满了怨恨和愤怒，甚至有的人提出要公开叛乱，华盛顿的到来正是为了说服他们。

然而华盛顿与军官们之间的沟通始终无法产生积极的效果，于是华盛顿使出了最后的手段。他取出一封一名联邦国会议员写的信，华盛顿双手颤巍巍地拿着信的样子令军官们为之动容，这位赢得了约克敦大捷的将军用一副老态龙钟的姿态向众人这样说道："先生们，请允许我戴上我的眼镜，为了效力这个国家，我不仅耗白了头发，还几乎熬瞎了双眼。"

结果这番举动产生了极大的效果，当华盛顿最后上马离开教堂时，留在那儿的军官们全都满心感动，眼眶湿润，一场军队叛乱和内战就这样得到了避免。

华盛顿利用他的个人魅力和一点演技再次证明了部下对自己的忠诚。但是，他这么做是为了一个重要的目的。弗莱克斯纳写道："美国大众应该感到庆幸的是，华盛顿依靠自己的力量和意志阻止了美国历史上最大的一场危机。"在这里我想再加一句，这确实避免了一场几乎可以说是千钧一发的危机。

自控精神与果断卸职

而华盛顿之后放弃手中权力的决定再次昭示了他对权力的态度。

英国国王乔治三世曾经是美国独立战争以及乔治·华盛顿的敌人。后来当画家乔纳森·特朗布尔从美国回到英国后，乔治三世向他打听华盛顿在战争结束后的安排。特朗布尔回答他说："他准备回到自己的农庄去。"对此乔治三世感叹道："如果他真的这么做了，那么华盛顿堪称世界上最伟大的人。"

最后，华盛顿也像古罗马的辛辛那特斯那样，辞去了所有职务。美国建国之初的领导者们都认真阅读过古希腊和罗马的历史，辛辛那特斯是一位出生于农家的英雄，为了保护自己的同胞他走上战场，为罗马赢得了胜利。但是在战争结束后他就立刻回到了自己那个小小的农庄。华盛顿回到的是一个大农庄，不过参加过美国独立战争的军官们还是为他创建了辛辛那提协会，并推选华盛顿担任第一任协会理事长。

华盛顿的自控精神确立了美国政治与军队之间的关系，

并一直延续到了今天。华盛顿在独立战争结束后的纽堡所展示的自控与谦虚，与他在法国印第安人战争时的作为形成了鲜明的对比。并且他在结束两届美国总统任期后，也展示了自身人格的卓越升华。华盛顿的这些决定进一步强化了美国民众对他的尊敬。

即便是当今的美国总统也依然有向华盛顿学习的必要。例如在 1991 年领导盟军取得海湾战争胜利的科林·鲍威尔，辞任后在美国仍然拥有极高的人气，究其原因就在于他也是一位辛辛那特斯式的人物。鲍威尔对参加美国总统竞选持消极态度，他是一位手握大权却依然表现出了自制心的真正爱国者（2001 年鲍威尔被新上台的小布什政权任命为国务卿）。

建立在华盛顿人格基础上的美国总统制度

最初在进行制宪时，美国也是躲过了分裂的危机。这场几乎就要以失败告终的制宪会议之所以得到了挽救，完全是因为被全体与会人员一致推选为议长的华盛顿的个人人格。

美国宪法中关于最高司令官和总统的条款都是比照着

华盛顿制定出来的。当时的马里兰州代表皮尔斯·巴特勒对此说道："众多与会者都把华盛顿视为总统的当然人选，因此也就是基于华盛顿的个人品格决定了美国总统的权力。"如果不是华盛顿，美国总统不可能获得如此大的权力。也可以说，美国总统的职务其实是为华盛顿量身打造的。

当华盛顿身着笔挺军装出现在会场上的时候，所有人都看得出来，他将被选为美国总统。美国宪法于1787年夏天得到了各州的承认，而乔治·华盛顿被公选为美国首任总统，在四年后又再次当选。门罗对此评论道："毫无疑问，正是他的个人影响力支撑着整个政府。"

华盛顿在战争结束后没能回到自己的农场，而是担负起了总统的职责。在此期间，华盛顿依然没有领取任何报酬，如果丁威迪还活着，肯定会为此再次感到惊讶。西摩·马丁·利普塞特（Seymour Martin Lipset，*美国著名政治学家。——译者注*）在他著名的论文《华盛顿和民主主义的确立》中写道：欧洲列强的旧殖民地在独立后，几乎所有旧殖民地的新政府都因为虚弱的正统性而深受困扰，也就是说，这些旧殖民地的新政府全都面临着诸如分裂运动、军队整编、独裁等各种各样的问题。但是华盛顿的人格、存在和自制心却使得美国成为了一个例外。

马克斯·法兰德（Max Farrand，1869—1945，美国历史学家。——译者注）也对此写道："坦率地说，美国的总统制度是一个崭新的实验，成功与否完全取决于第一次选举。"最终让美国总统的正统性得以确立，让这场试验获得成功的正是美国独立战争英雄华盛顿，以及他表里如一的作风与人格。克林顿·罗西特（Clinton Rossiter，1917—1970，美国历史和政治学家。——译者注）把"尊严、权力和基于宪法的政治"列举为华盛顿奉献给美国总统制度的礼物。华盛顿与现在的某些总统不同，正如杰斐逊所言，"在担任公职期间，他还严格遵守一切法律"。

值得注意的是，华盛顿还确立了诸如总统需要乘坐六匹白色骏马牵引的马车进入盛大晚宴会场这样的总统仪式，他从来没有忽略任何展示个人魅力的地方，他这么做不是为了自己的荣耀，而是为了确保总统的权威。

后任美国总统所展示的人格

在回顾完这些令人憧憬的往事后我们必须重新回到现实当中，并自问一句，"像华盛顿这样的英雄现在究竟到哪里去了?"在华盛顿之后,虽然美国也出现过其他伟大的总统,可是令人遗憾的是,却再也没有人超越华盛顿,大概也只有林肯能够与他比肩。

华盛顿是亚伯拉罕·林肯心中的英雄,在某些地方林肯甚至要超过华盛顿。至少林肯在私人和公共人格上可以说是做到了这一点。西奥多·罗斯福作为一名伟大的理想主义者,在发起革新主义运动这一点上具备了与华盛顿共通的资质。而主导了反对希特勒战争的艾森豪威尔则展示出了不凡的诚实与品行。

在不断成长进步这一点上,哈里·杜鲁门可以堪称"近乎伟大",他最终让自己成为了一名符合总统职责要求的人。他的这个成功让新闻人埃里克·舍维内德把杜鲁门评价为"一位拥有纯粹人格的人"。

1962 年我与阿利·伯克(Arleigh Burke,1901—1996,美国海军上将,曾历任三届海军部长。——译者注)共同创办了美国国际战略研究中心。阿利·伯克是一位参加了第二次世界大战的英雄人物,担任过美国海军参谋本部部长。伯克少将曾经因为自己带头发动了反对杜鲁门总统预算案的"海军将领造反"事件而被软禁在家。有趣的是在事件平息后,他居然成了下令软禁自己的杜鲁门总统的忠实追随者，并且两人成了挚友。水门事件爆发后，耄耋之年的伯克告诉我说："你知道，杜鲁门在当上总统前，他的履历曾经有过污点，他与彭德格斯特黑社会集团有过牵连。但是在他就任总统后，他仰望着总统徽章自言自语地说道：'哈里，你怎样才能配得上这个徽章呢？'尼克松与杜鲁门截然相反，当他看到总统徽章时，认为那就应该属于他的。当尼克松试图通过各种掩盖手法来保护自己时，他认为那是在保护总统的权威。"

杜鲁门同样将华盛顿视为效仿的楷模，并且也确实学习到了华盛顿的真髓。杜鲁门在晚年曾表示："我以前就说过，总统是政府中唯一一个代表了全体国民的人，如果总统的道德出现了任何问题，那么就没有资格去成为一国的精神领袖。"

试图自保的尼克松总统

我本人曾经任职于尼克松总统的第一届政府。尼克松头脑敏捷，在很多地方都要强过华盛顿。他就任总统时，接手了一场发生在越南的，令五十万美国军人卷入其中的长期消耗战。尼克松上任后，与基辛格国务卿一道推动了中美建交，并改变了国际政治舞台上的"力量平衡"。尼克松同时也让美国与苏联建立起了新型关系。在对内政策上，尼克松也获得了不小的成功。但是在水门事件爆发后，他的人格缺陷却使得他无法坦白真相，通过这场考验。

1973 年 1 月，当我结束了在尼克松第一届政权的助理副国务卿任期后，伯克将军因为打算退休，所以坚持要我重新回到美国国际战略研究中心。当时在地球的另一侧，恰好因为基辛格谈判的破裂，美国开始重新轰炸北越。尼克松把我找到白宫，向我提供了内阁中的其他职位让我挑选，但我向他表示，我必须遵从伯克将军的命令。在我准备离开时，尼克松突然问我拥有何种博士称号，我回答他，"历史学"，听到这里，尼克松眼睛一亮，马上说："这也是我的专业，我也非常喜欢历史。"

尽管轰炸北越的决定削减了尼克松的公众支持度，但是他并不在乎公众对他的看法，而更注重一百年后历史对他的评价。就在我们的谈话过程中，他为了让自己能够在历史上留下伟大的轨迹，偷录着令他恶名远扬的录音带。可是最后却像莎士比亚的讽刺剧一样，这些录音带反而导致了他的垮台。这些录音带记录下了他的私人人格与公众人格之间的差异。

在前面，我把尼克松的错误与杜鲁门进行了比较，这里再拿来与里根进行比较。当里根身陷由他的国家安全顾问等其他官员所操控的"伊朗门"事件中时，里根将我从布鲁塞尔电召回华盛顿。在此后数月中，我被任命为特别顾问加入他的内阁以便解明整个事件的真相，为此里根赋予了我特别的权限。

如果当初尼克松总统也能指定特别顾问，阻止手下的人秘密活动，那么水门事件或许就不会产生那么大的历史影响。同样，如果克林顿一开始就承认他与白宫实习生之间的不当关系，即便他个人会因此蒙羞，但至少不会受到国会弹劾。毋庸置疑，这两位总统，若稍许效仿一下乔治·华盛顿的人格，那他们在历史上的优秀总统的美名本应都是毫无问题的。

确立和遵守规范

就像前面提到的，华盛顿的人格特征包括：从失败中汲取经验教训的能力；从一个自我中心的年轻人成长为体恤他人的成年人的能力；舍弃过多的野心努力自制的能力。除此之外，我还想追加的一点就是他那种亚里士多德般的平衡感，总是能够把握全局，不管是在军事上还是在政治上，都能够抓住关键点，从而协调整体的能力。

华盛顿在他的整个军事和政治成长生涯中，从来没有试图基于错误的判断来伪装自己。他在处理问题和与他人打交道时，总是能够做到统揽全局。这些能力都被称为是最高常识，可是那些出类拔萃的天才有时反而无法具备这些能力。

华盛顿希望为后世的我们树立典范，确立名望，并制定标准。在他的文字中反复提到自己感受到了上帝的指引，这使得他永远都是心怀谦虚和感恩，不断告诫自己"要努力让心中那团被称为良心的小小圣火永远燃烧下去"。

当乔治·华盛顿最初建立的那些崇高规范遭到了现今一些领导者的不断破坏后，我们又该对此做出怎样的反应呢？我们是否就可以用"大家都这么做"为借口去降低华盛顿给我们制定的标准呢？这也正是我在本文开篇所提到的那场民意测验所显示出的倾向。然而我们真正需要给出的回答应是："我们每一个人都不应该擅自降低这些标准，尤其是我们的总统们。"尽管我们的第一位总统因为急躁而经常打败仗，但却始终坚守着这些规范。

我们可以从古代希伯来人那里学到很多东西。例如，虽然摩西制定了《十诫》，并把这些戒律都刻在了石头上，可是还是不断有人无法遵守这些戒律。然而却没有任何人因此提出"那么就降低这些规范的标准"。如果把规范的标准降得太低，那么人类必然堕落。

在希伯来人信奉的《旧约·圣经》中，对人性的弱点有着充分的描述。比如像伟大的大卫王，虽然他也有许多弱点，但是由于他懂得怜悯和宽容的重要性，明白自己必须担负责任和坦白错误，因此才成就了他的伟大。也就是说，正是对于规范的遵守才使他得以成为伟大的大卫王。

华盛顿深知自己的言行将会成为后世的标准，因此有意识地设计了作为国民信条的规范。他在对美国总统制度的诞生起到了核心作用的同时，又考虑到了自己辞任后的安排，特意设计了能够让新的制度和国家共同成长的完美示范和传统。能够做出这番贡献的，除了华盛顿，再无他人。

我并不是在试图神话我们心中华盛顿的形象。他并不只有伟大的一面，正如前面提过的，他也有偶尔容易急躁的弱点。他一生中只访问过一次参议院，结果他却因为无法忍受与他有着对立关系的乔治·梅森，怒火万丈地掉头离开了参议院。这件事情同样能够让我们很好地了解华盛顿这个人。

"华盛顿这个人，传说中的他与真实的他之间的差异非常小"，这是杜马斯·马隆（Dumas Malone，1892 —1986，美国著名历史学家和传记作家。——译者注）的原话。而撰写了六卷华盛顿传记的历史学家弗里曼经过长年认真研究之后，也得出了相同的结论。我在他们的基础上希望进一步指出的一点是，华盛顿的私人人格与公共人格之间几乎没有差异。总之，我认为在参与美国独立战争、制宪会议以及确立美国总统制度的过程当中，让美国得以避免了那些千钧一发的危机的关键就在于乔治·华盛顿的"伟大人格"。

帅才的条件

稻盛和夫 VS 戴维·阿布希尔

从人类智慧中寻求规范

阿布希尔　当我于 1999 年有幸与稻盛先生会晤交谈时就感觉到，我对社会的关注点与稻盛先生有着一致之处。我深感不管是在政界还是经济界，不少人士对于学习包括做人所应该具备的资质、技术，以及品德在内的领导力的重要性缺乏足够的认识，考虑到这是一件很不应该的事情，于是我提议在华盛顿的美国国际战略研究中心设立领导力学院。我的这个构想得到了稻盛先生的赞同，并决定举办日美领导力会议。这个会议首先是 1999 年在美国举办，然后今年又在日本成功召开。

稻盛　其实我也早就觉得，为了培养未来的领军人物，需要根据古今东西的实际案例，设置一套相关的课程体系。

阿布希尔　我认为这个会议具有自身的独特性，具体理由如下。例如这一次会议上，我们围绕重建日本经济的战略进行了广泛的意见交换，从与会的发言者和出席者那里获得了大量的建议。会议的重点议题可总结为"什么才是能够让战略方针付诸实现的真正领导力"。

就我的记忆而言，日美两国之间未曾有过像日美领导力会议这样系统地讨论这个问题的国际性会议。不管是政界还是经济界，尽管双方也曾进行过战略层面的讨论，但是对"应该以怎样的方式、由哪些人制定相关战略并付诸实施"的具体问题却未曾有过有效的交流。

在日美领导力会议的开幕式上，我指出领导者必须要有能力改变自己周围的世界。变革型领导者必须具备决策和实行的能力。领导者要能发出声音，对于那些需要民众或者企业付出代价的艰难决定能够进行充分的说明，赢得一致支持，并在此基础上采取行动。要想达到这个目标，领导者的个人资质就需要受到相应的考验。

稻盛　为什么现在我们需要探讨领导力这个问题，因为这是一个不管怎样规模的企业和组织都在摸索的问题。探寻如何整合全体组织成员，共同向前发展，这也是人类自有史以来，就恒久不变的一个难题。我在 27 岁的时候，在没有任何知识积累的情况下创办起了京瓷这家企业。像所有创业者一样，当时我们总共 8 名同事，加上当年录用的 20 名初中毕业生，一共 28 人共同踏上了一家弱不禁风的小企业的创业道路。

当时我的职务是董事会成员兼技术部长，不过实际上是企业管理者。在共同创业的 8 名同僚中，有的伙伴要年长于我，并且我必须担任领导这个角色。就算我一心想把这 28 人打造成一个强有力的团队，刚开始时也是一片茫然，不知该如何是好。当时的我只有孩提时孩子王带着五六个小孩子一起玩打仗游戏的经验。在一筹莫展的情况下，我想起了只听过名字的"帝王学"这门学问。

阿布希尔　也就是现在所谓的领导学。

稻盛　是的。中国历朝历代对那些执掌天下的人都会进行专门的教育，让他们知道，凡是将要登上皇位，治理天下者，首先应该成为怎样的合格人才。虽然当时我意识到自己必须去学一点帝王学，却找不到任何人来教我。京瓷的整个发展过程也是我夜以继日、充满困扰的过程。现在再来看那些从公司普通职员做起，一步一步，按部就班坐上企业管理者宝座的人，他们完全没有我当年的那些苦恼，这些经营者在企业里完全是一种身处休闲俱乐部的感觉。

很多企业的负责人要么是由前任所定，要么是由周围人共同推选出来的。由于这些企业领导人不是基于自身的强烈意志和努力奋斗才坐上了领导者的位置，自然也就很难产生与企业领导人相匹配的觉悟。政界也是同样，那些从来没有立志想要成为领导者，并为此历经煎熬的人，某一天却突然被放到了领导者的位置上。不仅仅是日本，在所有其他发达国家里，不管是在产业界、政界，还是在官僚体系中，由于越来越多认识不到领导力重要性的人登上了权力的宝座，才导致我们现在这个世界出现了严重的问题。我把这个观点写入了自己的著作，被阿布希尔先生读到了，并成了要把培养领导者的学问化为实践的契机。

阿布希尔 这里我只想再多说一点。在古希腊的雅典，就已经有像苏格拉底和柏拉图那样的哲学家在亲身向年轻人讲授稻盛先生所说的帝王学，或者我所说的领导学。柏拉图主要针对年轻人，着重讲解具备了价值（value）和美德（virtue）的领导力。柏拉图的老师苏格拉底也认为必须要有培养领导力的机构。

在苏格拉底和柏拉图的努力下，当时的雅典也确实建立起了这样的学校，并在他们的努力下，培养出了一位杰出的学生，这个人就是亚里士多德。亚里士多德后来以欧洲政治家为对象进行了专门传授，将自己的知识与他们分享。在这些得到亚里士多德教诲的政治家中，产生了像亚历山大那样的杰出政治家。

稻盛　这确实是一个很好的例证。

阿布希尔　也就是说，早在两千年前就已经有了教授领导力知识的培训机构了。

"聪明才辩"只不过是第三等资质

稻盛　迄今为止，在发达国家中，社会各阶层对于领导者所应具备的条件的共同认识就只是头脑敏捷、能言善辩，以及在专门领域里具有较高的实际操作能力。那些聪明人被选拔到相应职位上，最终成为组织领导人的做法被认为是理所当然的。企业也同样注重选用成绩优秀的学生，加以培训，培养他们拥有专业人士的"聪明才辩"，然后从中挑选最优秀的人担任企业领导者。这种人才选拔流程被认为是绝对合理、不存在任何缺陷的，政界也是如此。而我的亲身经历，使得自己对于这种具有普遍性的领导者选拔方式感到难以理解。现在困扰我的一个问题就是，领导者若只是头脑敏捷、工作称职似乎还不够，我感觉在帝王学中终究还是需要融入与个人魅力相关的内容。

个人魅力的必要性早在三千年前的希腊和中国就已经被提到了。正如中国古话说的"深沉厚重，是第一等资质；磊落豪勇，是第二等资质；聪明才辩，是第三等资质"。这也就是说，我们所说的那些"聪明才辩"者按照帝王学观点来看，只不过是具备第三等资质的人而已。

眼下在发达国家中，不管任何领域却都把聪明才辩视为领导者的首要条件，最终这也就使得在各个发达国家中无法产生具备个人魅力的真正领导者，使整个国家都陷入混乱之中。

古人早就知道，一名领导者应该符合的基本条件除了优秀、口才好、有能力之外，最重要的一点就是要能够赢得他人的尊敬，具备领导组织成员的个人魅力。而从 20 世纪后半期开始，那些仅仅具备了第三等资质的人却占据了领导者的位置，这才是导致今天全世界出现混乱的根源。

阿布希尔 确实如您所说的那样，对那些将要成为私有企业老板、政府部门领导、或者一国总理的人，针对他们究竟进行怎样的教育？这里的重点就在于要让他们具备与聪明才辩中的"才"同等重要的领导者的理想，以及这种理想前提下的使命感。尽管只有这两点还不够，但是在日本的政治家中，有的人连这两点都没有具备，这就使得那些根本没有做好准备的政治家却成为了一国的领导者。会出现这种现象的根源在于没有人去向未来的领导者们传授如何确立理想和使命感，以及领导者所必须具备的个人品性。

通过多样性塑造共同价值

阿布希尔　在日美领导力会议的公开座谈会参加者中，年纪最轻的就是 35 岁的 J. 柯林斯，刚好他也是我们美国国际战略研究中心的毕业生，年纪轻轻就担任上日兴所罗门史密斯证券公司总裁这一重要职务。

在公开座谈会上，他提出领导者应该具备敢于公开自身意见的勇气。若对柯林斯先生的这个重要发言再做一些补充的话，领导者的含义就可以进一步扩展为拥有能够推动人类向好的方向变革的能力的人。这也就意味着，个人的品行和能否赢得他人信赖的人格同样是成为领导者的必要条件。

稻盛　确实如此。

阿布希尔 在讲授领导学的时候，我尤其想要强调的是，所谓领导者并非具备足以引导他人的影响力便万事大吉了。最著名的例子就是拿破仑。拿破仑确实是一位优秀的军事家和强有力的领袖，但由于在滑铁卢战役中他只是为了保全自己，结果导致了法军的失败。此外，还有像希特勒那样犯下残酷罪行的领导者。稻盛先生和我在讲授领导力的时候，真正想要传授的是具有价值的领导力。

宗教产生于人类的历史之中，毋庸置疑，众多宗教的产生对人类文明的发展起到了重要作用。也有人认为应该将宗教因素排除在国家政策之外，因为在很多时候，宗教容易被滥用。

在迄今为止的人类历史上，确实出现过许多打着宗教的幌子来实现政治目的的例子。然而不管是东西方社会的进步发展，还是政府的形成，事实上都曾受到过宗教的强烈影响。东方的希伯来人给欧洲带来了新的价值观和思维方式。同时，希伯来思想又受到了雅典哲学的诸多补充。圣·奥古斯丁等早期的基督教会神父就正是融会贯通了古希腊文化、基督教、希伯来的思想。美国的建国之父乔治·华盛顿也正是由于认识到了宗教是不可或缺的根本存在，所以才将宗教与国家的具体管理分离了开来。

稻盛 我认为我们没有必要将领导者应该学习的价值观限定在宗教上。不管是佛教、基督教等宗教，还是哲学，对人所应该具备的重要资质，尤其是领导者的资质，都同样进行过详细的论述。因此我认为领导者应该对古希腊哲学、印度哲学，以及中国的古代经典进行广泛的学习。同时也要认真汲取近代以来的优秀哲学家的诸多理念和观点。在兼收并蓄的前提下，在 21 世纪刚开始时就总结确立领导者的正确标准。如果我们能从人类数千年的智慧中探索寻找到相应的规范，我相信是能够创造出一套完美标准的。

阿布希尔 德国哲学家伊曼努尔·康德曾提出通过多样性寻找共同价值的重要性。这可以算得上是金玉良言。我们应该通过那些有助于人们了解佛陀的思想、耶稣基督的主张、《古兰经》中穆罕默德的理念等人类思想的教材，来帮助我们的学生认识那些最根本的东西。在这些问题上稍有误解，就有可能产生如伊斯兰激进组织那样通过恐怖行动谋害生命的思想。宗教也会因此失去本来的目的。如果仅仅从表面上过于肤浅地理解宗教的话，必然会带来混乱；若是能够深入到各种宗教的核心深处进行探究，则必将能够获得宝贵的启迪。

终章

从历史角度思考

21 世纪的领导者形象

借鉴历史，思考 21 世纪应有的领导者形象

堺屋太一 VS 保罗·肯尼迪

一场近乎工业革命的社会革命正在如火如荼地进行

堺屋　人类现在正处于一场巨大的文明变革之中。我们正迎来一个历史将会出现飞跃性发展的时代，这不是像"新经济"那样的狭隘概念，而是一个可以称为"新规范"的，令整个人类社会都产生革命性转变的时代。以大规模生产方式为基础的现代工业社会正在终结，而一个以丰富多彩的智慧价值为经济成长和企业利益主要源泉的社会，也就是"知识经济社会"已经拉开了帷幕。如果从领导者的角度将我们这个时代放在历史中作比较的话，那么就如同人类社会从中世纪进入近代社会的 16 世纪。

在那个时代，英国的伊丽莎白一世、西班牙的菲利普二世、俄国的伊万四世、日本的织田信长和德川家康都发挥出了强大的领导力。正是在这些领导者的影响下，世界主要国家在从 16 世纪末到 17 世纪初形成的社会体制一直延续了将近两百年的时间。

现在我们还无法判断，眼下蓬勃兴起的这场知识经济革命究竟是由具有个体强大领导力的个人领导者来主导，还是以组织和社会大众的意志来主导。我个人感觉，无论如何都必须有领导者站出来，将时代的这场大潮集成一种政治社会体制。

肯尼迪 这里我先介绍两段意思完全对立的名言。一个是《旧约·圣经》的《传道书》中所说的"日光之下，并无新事，万物不变的持续着（There is nothing new under the sun. Things stay much the same，there is nothing new）"。另一句则是最早建立大规模汽车生产线的亨利·福特在一百年前说的"历史就是废话，历史就是垃圾（History is bunk. History is rubbish）。"前一句话的意思是我们可以从历史中找到任何事情的答案。后一句则是说我们无法从历史中学到任何东西。

堺屋先生提出我们这个时代可以和 16 世纪进行比较，对于这个观点我完全赞成。16 世纪是一个全世界的国家结构都在产生转变的时代。欧洲从此走上了兴盛的道路，宗教革命和科学革命相继发生，封建社会就此终结，并直接导致了 17 世纪政治体制和社会结构上的革命。我们现在也正身处于一场规模与之近似的社会革命之中。

在这场大变革中，仍然存在着不变的东西，那就是人性。我们不能忽略的是，有的人能够应对这场社会革命的演变，同时也有人无法跟上新技术的发展，或者对这场变革持否定态度。在思考 21 世纪时，我们不仅要看到高新技术、网络、生物技术，也要认识到仍然有很多人喜欢继续过着与以往一样一成不变的生活。

堺屋　历史的发展究竟只是一种不断的重复，还是永远都在改变，对此人类早已进行过漫长的争论。古希腊历史学家修昔底德也曾说过与肯尼迪先生的意思完全相同的话，也就是说，"尽管不会有同样的事情在同样状况下再次发生的可能，但是由于人的本性使然，事物往往都会朝着相似的方向发生并产生相似的结果"。虽然通过工业革命建立起了现代工业社会的我们无法重新回到过去，但是在当前正进行着的这场知识经济革命中，我们仍然有可能推动诸如社会结构、企业组织方式、家庭形态和教育方法等领域的全面变革。尤为重要的一点是，生产资料与劳动者分离，这个现代工业社会的重要前提已经开始出现了动摇。劳动力，也就是个人所拥有的知识、经验和感觉成为创造价值的关键要素。从这种意义上讲，生产资料与劳动者反过来又走上了一条一体化的道路。这种变化或许会成为改变城镇结构、家庭结构、劳动形态乃至产业形态的决定性因素。

前面我举出了 16 世纪的织田信长和伊丽莎白一世等领导者的例子。他们两位作为领导者的突出特征首先就是具备了创造一个新时代的明确理念。其次，他们都不依赖传统势力。伊丽莎白一世就拒绝了西班牙菲利普二世的求婚，而一心追求英国的自主独立。织田信长更是敢于与所有传统势力为敌，公然与大名、宗教势力、豪商巨贾，甚至知识界的所有群体进行对立，他完全依靠能够接受他信念的阶层进行战斗。再次，不仅仅是政治，他们的人生观、平时娱乐，乃至日常生活的审美意识都充满了极其强烈的信念。最后就是他们都是勇敢无畏的人。在 21 世纪的大门刚刚开启的现在，人们似乎也模糊地渴望着能够拥有像他们那样的领导者。然而若真的有这种领导者，也就是织田信长一样的人物出现，想必立刻就会垮台，甚至惹来杀身之祸。尽管我们现在也确实需要像织田信长那样的领导者的足以改变世间的破坏力，但同时也必须给这种破坏力套上枷锁，令其不能为所欲为。如果能够基于民主机制处理好这两者之间的关系，我相信今后是能够建立起一种最有利于我们的社会形态的。

世界有些地方被排除在信息革命的浪潮之外

肯尼迪　当前不断演进的这场社会大转型，称之为革命也不为过。在对这场大转型进行思考时，我们的眼睛只盯住那些发达国家，却忽略了将整个世界的所有地区、社会都考虑进来。

回顾 17 世纪的西欧，当时确实发生了巨大变化，印刷机得到了普及，通商道路四通八达，新城镇不断兴起，职业种类日趋增加。然而当时所有这些变化都只限于以西欧为中心的特定地区，这一点到今天依然没有改变。

世界银行去年公布的关于信息差异的统计数据让我深感震惊。有 40% 的美国人每天都在使用电子邮件，可是撒哈拉以南的人们的这个数据却只有 0.01%。像刚果、卢旺达这些国家，根本就没有受到信息革命的波及。对这些地区的人们而言，连治疗艾滋病的药物都无法保障，因此对他们而言，生物技术革命完全是天方夜谭。

所以在推动变革的时候就必须首先具备全局观。尽管在世界的一部分地区确实兴起了技术革命的浪潮，但在世界的另一些地方，却是被这场技术革命远远地抛在了后面。

堺屋 我们谈论文艺复兴和工业革命时，往往将注意力都集中到这些变革的最前沿部分，认为社会已经出现了改变，并认为这种改变将成为推动全世界发生变革的原动力，因此就简单地使用"世界发生了改变"这样的表述。例如工业革命开始于 18 世纪后期的英国，然后在 19 世纪延伸到了西欧和北美，最终到了日本。但工业革命的步伐却也就此停步，一直等到 20 世纪 80 年代，才出现像韩国这样的新现代工业国家。尽管如此，由于工业革命而兴起的文明力量仍然引导了整个世界。

当前，在从非洲南部一直到中亚的极其广阔地域里，越来越多的地方不再有能被称为国家政权的存在。尽管众多地区都存在着拥有地区支配权的武装势力，然而不管是阿富汗、科索沃、卢旺达，还是安哥拉都没有稳定的、被国际社会普遍认可的国家政权组织。这种变化从一个侧面让我们认识到了 20 世纪现代工业社会的终结。我认为当前这样一个失衡的世界所需要的领导力与 16 世纪一样，领导者要能够展示明确的理想和具体的理念。

这种理想和理念并非一定要由某个人来展示，也可以经由某个组织来展示。这就如同 16 世纪的耶稣会，耶稣会在当时就是秉持着极其明确的理念走向了全世界。

肯尼迪　最近在达沃斯召开的世界经济论坛的一个主题就是如何消除差异，这里所说的差异包括了信息差异、经济和技术差异、环境差异、医疗条件差异以及性别差异等。

当前世界所发生的变化确如堺屋先生所指出的一样，处于失衡状态，甚至有的地区之间的差距超过了一个世纪。在这场大变革中，发达国家与发展中国家的差距可能会进一步拉大。根据统计调查显示，美国的人均收入是海地人的 200 倍，美国人从出生起，一生所消耗的物资竟然是卢旺达人的 400 倍。当然，在卢旺达，婴幼儿甚至无法确保是否能长大成人。

在这样一个差异化的时代里，我们又该寻求怎样一种具有建设性的国际领导力呢？前面已经对这个话题有所提及，在这里我想再次强调一下。

第一就是具备个人超凡魅力的领导力。历史上的伊丽莎白一世、菲利普二世，以及富兰克林·罗斯福就是这样的领导者。

第二就是集体领导力。如在美国建国之初由那些共同商讨解决美国政府的财政问题、制定三权分立制度、起草美国宪法的人组成的领导者集团，以及在明治初期以山县有朋为首的为日本掌舵的领导者们。

第三就是同盟领导力。里根总统领导下的美国与撒切尔夫人领导下的英国所结成的同盟就是这样一个例子。他们在共同针对苏联采取强硬态度、增加国防经费的同时，又与戈尔巴乔夫总统进行对话，从而得以结束了冷战。在英国为了福克兰群岛（马尔维纳斯群岛）开战时，美国向英国提供了实际的支援。当然同盟领导力也有失败的例子，比如一战后的凡尔赛条约。

从1943年到1945年，英美两国的起草者聚集在一起，共同思考建立未来的世界性机构和组织也是这样的一个例子。一战后的国际联盟以失败告终，使得小国的安全无法得到保障，同时又发生了世界性的大萧条，一个国际性的金融体制也有待确立。为此，联合国的创始国成员加上加拿大、澳大利亚、巴西、墨西哥等国家共同为建立一个国际性机构展开了相关探讨。作为这些国家试图建立新的国际体系和世界秩序努力的结果，联合国以及布雷顿森林体系最终得以诞生。

当然这一连串行动都与当时世界性的严重危机，以及盟军的压倒性胜利有着密切的关系。在具体过程和形式上都比较有利于创办国，即便如此，它仍是一个有利于全世界人民的国际体系。

我们同样需要重视那些社会领导者

堺屋　我还想追加一个领导力类型，就是"社会典范式的领导力"，也就是以某个国家的生活方式或社会结构为样本，其他国家对其进行效仿。

具体的例子就是维多利亚时代前半期的英国和 20 世纪 20 年代的美国。在 19 世纪中叶，英国确立了议会民主制度和金融保险制度，创办了路透社，这些模式后来在世界范围内得到了传播和效仿。这种领导力的特征就是，无法确定其最大的功劳者究竟是迪斯雷利，还是格拉德斯通；究竟是托利党，还是辉格党。创办路透社的保罗·路透，以及奠定了现代邮政制度基础的罗兰德·希尔都有可能居功至伟。英国的工业革命最终使英国形成了一个世界标杆的社会。

同样，在 20 世纪 20 年代的美国，汽车开始普及，电影产业也开始兴盛，收音机进入了千家万户，市郊住宅区开始大兴土木，这些变化形成了一种新的生活方式。当时的美国总统（哈定和柯立芝）都没有对这种变化做多少贡献，但是美国这种生活方式却赢得了人们的青睐，并在世界范围内流行开来。

在 21 世纪里，即便没有特定的个人或者组织，科学技术的进步和普及，尤其是对于知识价值认识的高涨必然会带来深远的社会变化，让所有国家的人们都对这种变化产生憧憬。我相信，就连前面提到的那些发展滞后国家的高层领导者们也很有可能会被这样的"样本"所吸引，并试图追求先进的生活方式，令落后地区的社会产生变化，最终让全世界共同发生改变。

肯尼迪 未来我们究竟需要怎样的领导力，我认为这也要视具体状况而定。也就是说，究竟是一个能保持整体平衡，并出现新技术和生活方式的世界呢，还是出现大规模的冲突，陷入战争状态之中的世界呢。在这两种情况下，世界所需要的领导者是不同的。我经常会与美国的商业界人士谈论中国的话题。在与他们的交流中我发现，所有人都把中国视为一个巨大的市场，这些美国商业界人士心中想的全都是如何向中国销售很多客机，或者将中国当做一个建筑材料的巨大市场等经济因素。可是当我偶然去美国的海军学院进行演讲时，却遇到了完全不同的状况。军人们都只在意当美国与中国的关系因台湾或朝鲜而出现紧急状况时，中国将会采取怎样的行动。

这种现实显示即便是对同一个国家，我们甚至都存在着两种不同的认识。未来是在和平状态下发生革命，还是将会爆发战争，这些都难以预测。假如和平局面能够一直维系下去，我们就并非一定需要拥有魄力的领导者。就像 19 世纪三四十年代的英国那样，只需要把一切都交给技术发展就行了。或者像 20 世纪 20 年代的美国，人人都开始拥有汽车，享受爵士乐，一心沉醉于经济繁荣之中，而无需担忧未来。因此当时的美国人根本就不需要拥有魄力的领导者，结果才会导致柯立芝那样的平庸之人坐上了总统的宝座。

进入到被大萧条席卷一切的 20 世纪 30 年代，美国社会就开始需要具备魄力的强大领导者。同理，未来社会对于领导者的要求取决于到底是一个和平进步的世界，还是一个陷入战争动荡的世界。

堺屋　我们对政治领导者往往怀有较大的期待，事实上社会领导者也确实发挥着重要的作用。通过引领社会潮流，改变社会氛围，社会领导者同样可以让世界产生戏剧性的变化，想必将来不会有人会去探讨肯尼迪总统和甲壳虫乐队哪一方拥有更强大的领导力。（笑）

在信息化时代里，社会氛围也开始变得非常重要，这或许能超越战争与和平，给整个人类社会带来更大的变化 ，所以我认为应该对此给予充分的关注。

跋

本书是以在 2001 年 2 月 28 日和 3 月 1 日，由稻盛财团和美国国际战略研究中心，以及总统学研究中心共同主办的"日美领导力会议——当前急需的领导力"会议的演讲内容为中心集结成册的。

日美领导力会议是由稻盛财团理事长稻盛和夫和美国国际战略研究中心的戴维·阿布希尔先生共同提议举办的。这个会议是基于"为了能够不断培养出符合 21 世纪要求的杰出领导人，因此围绕领导力这个主题展开广泛交流和积极讨论就显得格外重要"的共识召开的。

第一次领导力会议是以"领导力、创造性、价值观"为主题，1999 年 4 月在美国华盛顿召开。在第一次会议期间，与会者围绕着如何做一名合格的领导者展开了讨论。此次是第二次会议，我们期待能够在前一次会议成果的基础上，针对历史教训、政治结构，以及相关社会条件进一步展开讨论。

会议围绕着"领导力在政治领域的应有形态"、"两个经济大国的联合领导力"、"理想的领导者形象"、"产生领导者的社会条件"这四个主题进行了意义非凡的演讲，并反复举办了公开座谈会。在编辑本书的过程中，我们用最大的努力尽量不削弱整场会议的热烈气氛。

在本书的编辑过程中，我们得到了以风间澄之先生和山本仁先生为首的大和总研的各位工作人员，以及 PHP 研究所各位人士的大力支持，在此我想要向他们表示衷心的感谢。

本书的宗旨是"重振一个强大的日本"，如果本书能够引起读者的共鸣，为我们国家的领导力建设提供一定的启示，作为主办方的一员，我将感到无上荣幸。

稻盛财团副理事长福川伸次

2001 年 6 月

"稻盛和夫的经营实学"

稻盛和夫告诉你如何创造高收益!

《创造高收益壹:创造高收益企业》
《创造高收益贰:活用人才》
《创造高收益叁:实践经营问答》
《创造高收益的阿米巴模式》
《稻盛和夫的实学:阿米巴经营的基础》

套装定价:155.00 元
ISBN:978-7-5060-4496-7

"对话稻盛和夫"系列

从"圣者"与"智者"的对话中,找寻最实用的人生哲学!

《对话稻盛和夫:人的本质》
《对话稻盛和夫:德与正义》
《对话稻盛和夫:向哲学回归》
《对话稻盛和夫:话说新哲学》
《对话稻盛和夫:领导者的资质》
《对话稻盛和夫:利他》

图书在版编目（CIP）数据

领导者的资质／（日）稻盛和夫 编；喻海翔 译. —北京：东方出版社，2012.11
（对话稻盛和夫）
ISBN 978-7-5060-5594-9

Ⅰ.①领… Ⅱ.①稻… ②喻… Ⅲ.①企业领导学 Ⅳ.①F272.91

中国版本图书馆 CIP 数据核字（2012）第 257590 号

对话稻盛和夫：领导者的资质
（DUIHUA DAOSHENGHEFU：LINGDAOZHE DE ZIZHI）

编　　者：〔日〕稻盛和夫
译　　者：喻海翔
责任编辑：黄晓玉　张军平
出　　版：东方出版社
发　　行：人民东方出版传媒有限公司
地　　址：北京市东城区朝阳门内大街 166 号
邮政编码：100706
印　　刷：北京智力达印刷有限公司
版　　次：2013 年 5 月第 1 版
印　　次：2013 年 5 月第 2 次印刷
印　　数：8 001—30 000 册
开　　本：880 毫米×1230 毫米　1/32
印　　张：8
字　　数：128 千字
书　　号：ISBN 978-7-5060-5594-9
定　　价：35.00 元
发行电话：(010) 65210056　65210060　65210062　65210063